RECVEIL
DES
LETTRES PATENTES, EDITS, DECLARATIONS,
ARRESTS, SENTENCES ET REGLEMENS

Concernant l'exercice & fonction des Sergens à verge du Roy, au Chastelet, seuls Iurez Priseurs, Vendeurs de biens meubles en la Ville, Preuosté & Vicomté de Paris.

Recherchez par HIERÔME NARDEAV *de la Grange,* CLAVDE REGNARD, IEAN BERTINET, *&* THOMAS BECASSE, *Maistres & Gouuerneurs de la Communauté desdits Sergens, en Charge l'année* 1669.

A PARIS,
Chez PIERRE BAVDOÜIN, au bout du Pont-neuf, proche la grand'Porte des Augustins, à l'Image S. Augustin.

M. DC. LXIX.
Auec Permission.

ADVIS.

LES Sergens sont aussi anciens que la Monarchie : les Roys qui seuls distribuoient la Iustice à leurs Peuples, ne pouuant suffire à la rendre à ceux qui la leur demandoient, firent choix de Personnes sages, pour les juger en tout temps ; & ces Officiers ainsi establis par les Roys, ne pouuant rendre la Iustice & executer leurs Iugemens tout ensemble, commirent & instituerent des Personnes pour cét effet, qui furent nommez Sergens ; tellement reuerez dans les fonctions de leurs Emplois, que le Proverbe commun, Les Grands obeïssent aux Petits, leur peut estre appliqué auec raison, comme le premier effet de la Puissance Souueraine ; ce qui a continué iusques au Regne de Saint Loüis.

Le Preuost de Paris commettoit anciennement des Sergens pour l'execution de ses Mandemens & de son Sceau ; mais le Roy

Saint Loüis ayant reconnu les grands abus qu'il y auoit en ces sortes de Commißions, se reserua & à ses successeurs Rois, de nommer aux Charges dudit Preuost de Paris, ses Lieutenans & Auditeurs, mesme desdits Sergens; Ce qui fut confirmé par Edict du Roy Philippes V. en l'année 1321.

Et comme dés le temps du Roy Saint Loüis, il n'y auoit que les seuls Sergens du Chastelet qui peussent executer le Seel & les Mandemens du Preuost de Paris par tout le Royaume; Ce Roy, qui n'auoit rien plus à cœur que le soulagement de ses Peuples, ayant consideré que ses Sujets estoient constituez en de grands frais, d'enuoyer lesdits Sergens dans les Confins de son Royaume, pour executer le Seel & les Mandemens dudit Preuost de Paris: Il diuisa lesdits Sergens en deux Corps, & ordonna qu'vne partie feroit sa residence dans ladite Ville de Paris, & l'autre partie hors ladite Ville, que ceux residens en ladite Ville seroient nommez Sergens à verge ou à pied, lesquels exploiteroient seuls dans ladite Ville & Banlieuë de Paris, tous Mandemens de Iustice, mesme ledit Seellé & Jugé dudit Preuost, à l'exclusion de tous autres, & lesquels seroient außi tenus de faire la Police, comme ils ſont encore à preſent; & ceux qui ſeroient reſidens hors ladite Ville & Banlieuë, ſeroient nommez Sergens à cheual pour demeurer dans les Bailliages & Seneſchauſſées de ſon Royaume, pour y executer auſſi ſeuls les Mandemens & Seel dudit Preuoſt de Paris; auec deffenſes expreſſes d'exploiter en ladite Ville & Banlieuë, à peine de nullité.

Mais ayant eſté creez grand nombre d'Huiſſiers & Sergens dans les Compagnies Souueraines, & autres Iuſtices ſubalternes de cette Ville de Paris, & par ladite creation, leur ayant eſté permis d'exploiter en icelle, au prejudice deſdits Sergens à verge, & par ce moyen leurs fonctions eſtans de beaucoup diminuées, ils ſe plaignirent du prejudice à eux fait par la ſuſdite creation, & repreſenterent le ſeruice qu'ils rendoient au Public en l'exercice de la Police; & ſur ces conſiderations le Roy François Premier par ſes Lettres Patentes des mois de Nouembre 1543. Mars 1544. & Septembre 1550. pour aucunement les dédommager, leur permit d'exploiter en ladite Ville, Preuoſté & Vicomté de Paris; dans lequel pouuoir & attribution, ils ont eſté maintenus & conſeruez, nonobſtant les oppoſitions & empeſchemens deſdits Sergens à cheual.

Le dédommagement ainsi accordé ausdits Sergens à verge, donna lieu ausdits Sergens à cheual, d'en demander vn semblable, pretendans auoir aussi souffert vn prejudice considerable; & par Edict du mois d'Avril 1544. il fut permis à soixante d'entr'eux, dénommez audit Edict, de demeurer & d'exploiter en la Ville & Banlieuë de Paris, ainsi que lesdits Sergens à verge.

Vne des principales fonctions desdits Sergens du Chastelet, estoit celle de priser & vendre les meubles: Mais plusieurs plaintes ayant esté portées contre ceux à cheual, qui s'engageoient dans de longs voyages, pendant lesquels il n'estoit pas possible de retirer de leurs mains les deniers des meubles par eux vendus: Par ces considerations le Roy crea dans toutes les Villes du Royaume des Priseurs & Vendeurs de meubles; Et particulierement quarante pour la Ville, Preuosté & Vicomté de Paris: Mais ladite creation ruinant entierement la fonction desdits Sergens à verge, ils s'opposerent audit establissement auec tant de raisons & de succez, que par Arrest du Parlement rendu en contradictoires deffenses, ils furent maintenus au pouuoir, dont ils auoient joüy de tout temps, & du depuis lesdits quarante Of-

fices de Priseurs Vendeurs de meubles ont esté reünis & incorporez au Corps & Communauté desdits Sergens à verge, par Edict du mois de Iuillet 1575. lesquels en consequence font seuls toutes Prisées & Ventes, Lots & Partages de biens meubles en ladite Preuosté & Vicomté de Paris.

Lesdits Sergens à cheual, en jalousie de ladite incorporation, obtinrent Lettres Patentes du mois de Iuillet 1587. portant pouuoir entr'autres choses de faire aussi toutes prisées & ventes de meubles, mais lesdits Sergens à verge s'estans opposez à la verification, ils en furent deboutez par Arrests contradictoires du Parlement de Paris, des cinq Septembre 1587. seize & dernier Mars 1588. & autres depuis interuenus, tant audit Parlement, qu'au Conseil Priué du Roy, qui font deffenses ausdits Sergens à cheual de faire aucunes prisées ny ventes de biens meubles dans ladite Ville, Faux-bourgs & Banlieuë de Paris.

Outre les Sergens à verge & à cheual dudit Chastelet de Paris, il y en a encores de deux autres sortes, les vns nommez Sergens Fieffez, & les autres Sergens de la Douzaine.

Les Sergens Fieffez sont quatre seulement,

qui ont pouuoir d'exploiter, tant dans la Ville, Preuosté & Vicomté de Paris, que par tout le Royaume.

Les Sergens de la DouZaine sont en nombre de douze, qui estoient anciennement Seruiteurs & Domestiques dudit Sieur Preuost de Paris, establis pour la Garde de sa personne, lesquels sont gagez du Roy ; Ils portoient les Couleurs & Liurées dudit Preuost de Paris ; & par leur Institution, ils doiuent porter Hoctons et Hallebardes. Ils ont leur Confrairie distincte et separée des autres ; Exploitent en ladite Ville, Faux-bourgs et Banlieuë de Paris seulement; ils ont voulu prendre la qualité de Sergens à verge du nombre de la Douzaine, mesme d'exploiter hors ladite Banlieuë, et entreprendre de faire les prisées et ventes, mais ils en ont esté deboutez par plusieurs Arrests, qui leur font deffenses d'exploiter hors ladite Ville et Banlieuë, de priser ny vendre aucuns meubles, ny se qualifier autrement que Sergens de la Douzaine.

TABLE

De ce qui est contenu en ce present Recüeil.

ẽ

RECVEIL

DES LETTRES PATENTES, *Edits, Declarations, Arrests, Reglemens, Sentences, & Ordonnances, concernans la fonction & exercice des Charges des Sergens à Verge au Chastelet de Paris.*

PAR Edit du Roy Philippes V. en forme de Chartres, donné à Poitiers au mois de Iuin 1321. Portant restrinction des Sergens à cheual au Chastelet de Paris, au nombre de quatre-vingts dix-huit.

Edit du mois de Iuin 1321. portãt restrinction des Sergens du Chastelet

Et ceux à pied ou à Verge, six-vingts treize.

Sa Majesté se reserue le pouuoir de donner les Sergenteries dudit Chastelet, ausquelles le Preuost de Paris souloit commettre.

Et que de toute ancienneté il a toûjours esté accoustumé audit Chastelet, que les Sergens à cheual ne deuoient Sergenter dans la banlieüe de Paris, ne ceux à pied dehors ladite banlieüe, sinon en cas

Deffenses aux Sergens à cheual de exploiter en la Banlieuë de Paris.

de necessité, & ordonné que dés ores en auant il soit gardé & obserué entre lesdits Sergens, auec commandement au Preuost de Paris de ne contreuenir, ny souffrir d'y contreuenir au present Edit.

Confirmation des Priuileges des Sergens à Verge au Chastelet de Paris en 1369. 1514. 1517.

LEttres Patentes données en faueur des Vnze-vingts Sergens à verge au Chastelet de Paris, qui estoient pour lors reserues, confirmez par Charles V. au mois de Iuin 1369. Loüis XII. au mois de Iuin 1514. François I. 1517. Henry III. le vingt-six Avril 1527. & autres Roys leurs successeurs.

Par lesquelles le pouuoir est accordé ausdits Sergens à verge de donner toutes Assignations, & faire Exploits de Iustice de toutes Iurisdictions.

Et d'exploiter eux seuls les Mandemens & Ordonnances du Preuost de Paris, & ses Lieutenans, ce qui dépend de leur scellé, & jugé dans la Ville, Faux-bourgs & banlieüe de Paris, à l'exclusion de tous autres.

Deffenses aux Sergens à cheual de faire aucuns Exploits en la Ville, Fauxbourgs & Banlieuë de Paris, à peine de nullité.

Auec defenses aux Sergens à cheual audit Chastelet de faire aucuns Exploits en la Ville, Faux-bourgs & banlieüe de Paris, à peine de nullité.

Pouuoir aux Sergens

Par Edit de François I. donné au mois de Septembre 1550. le pouuoir desdits Sergens à verge fut augmenté moyennant Finances, & en consideration des grandes sujettions d'assister journellement au fait de la Police, executions de Iustice gratuitement, d'exploiter en la Ville, Preuosté & Vicomté de Paris, & le pouuoir de faire aussi seuls toutes prisées & ventes de biens meubles en ladite Ville, Preuosté & Vicomté de Paris, au moyen des Quarante Maistres Priseurs Vendeurs de biens meubles de ladite Ville, créez par Edit du mois de Feurier 1556. vnis & incorporez auec lesdits Vnze-vingts Sergens à verge, par autre Edit du mois de Iuillet 1575.

Defenses aux Procureurs dudit Chastelet d'occuper & faire aucune poursuite sur les Exploits faits par autre que lesdits Sergens à verge, en execution du Scellé, Mandemens & Ordonnances dudit Preuost de Paris, ou ses Lieutenans.

Comme aussi aux Greffiers, Notaires, & Commissaires dudit Chastelet, d'adresser leurs Commissions à autres qu'ausdits Sergens à verge, à peine d'en respondre en leurs noms.

La connoissance de toutes & chacunes les causes, desquels Sergens à verge, sans distinction, tant en matiere ciuile que criminelle, est par lesdites Lettres attribuée en premiere Instance au Preuost de Paris, ou ses Lieutenans, comme Conseruateurs de leurs Priuileges, pour en joüir par lesdits Sergens à verge, tout ainsi que les Sergens à cheual, & par appel au Parlement, auec interdiction à tous autres Iuges d'en connoistre.

Lesquelles Lettres Patentes ont esté bien & deüement verifiées, registrées & confirmées, tant

à verge d'exploiter en la Preuosté & Vicomté, en 1550.

Vnion des 40. Maistres Priseurs Vendeurs de biens meubles, auec les vnze vingts Sergens à Verge, qui font treize vingt.

Par Edit du mois de Iuillet 1575.

Les Proc. du Chastelet ne doiuent occuper sur autres Expl. faits par autres Sergens que les Sergēs à Verge.

Les Greffiers, Notaires & Commissaires du Chastelet, ne doiuent faire l'adresse de leurs Commissions à autre qu'aux Sergens à Verge.

Les Sergēs à Verge ont leurs causes commises pardeuant le Preuost de Paris.

par plusieurs Arrests du Conseil d'Estat, des dix Ianuier, vingt-trois Fevrier, vingt-six Avril 1527. qu'autres du Parlement de Paris, des huit Ianuier, premier Fevrier, & dix-sept Iuin 1556. vingt-six Nouembre audit an, dix-sept Fevrier 1570. premier & dix Fevrier 1579. & quinze Ianuier 1600. lesdites Patentes bien & deüement signées, & scellées sur lacs de soye rouge & verte.

Vnion des offices des Sergens & des Maistres Priseurs Vendeurs de biens meubles.

Par Edit du mois de Mars 1576.

En payant Finances au Roy.

LEttres Patentes de Henry III. Portant defenses expresses à tous Sergens, Priseurs, Vendeurs de biens meubles, d'exercer l'Office les vns des autres, sans auoir pris de Sa Majesté Lettres de prouision, suiuant son Edit du mois de Mars 1576. joints, vnis & incorporez en vn seul & mesme Corps & Communauté, les Sergens Royaux, & Maistres Priseurs, Vendeurs de biens meubles; Sçauoir les Sergens, pour faire prisées & ventes de biens meubles, comme font les Priseurs Vendeurs; & iceux Priseurs Vendeurs de biens meubles, pour faire les Exploits, ainsi que font lesdits Sergens, à peine de faux, nullité de leurs Exploits, prisées & ventes, & d'amende arbitraire, mesmes d'exercer lesdits Offices; lequel exercice leur a esté pour lors interdit & deffendu, jusques à ce qu'ils ayent respectiuement obtenu lesdites Lettres de prouision. Données à Paris le vnziéme Nouembre 1576. Signé, par le Roy en son Conseil,

Almeras, & ſeellé du grand Seau de cire jaune.

Depuis il y a eu Arreſt du Conſeil des Finances, portant que les Sergens, Priſeurs Vendeurs de biens, au moyen de l'vnion, payeront Finances au Roy, datté à Saint Germain en Laye le premier jour de May 1597. Signé, De Beavliev.

Lettres Patentes, portant confirmation des Priuileges des Sergens à Verge du Chaſtelet, ſeuls Jurez Priſeurs Vendeurs de biens meubles en la Ville, Preuoſté, & Vicomté de Paris.

Henry par la Grace de Dieu, Roy de France & de Nauarre: A tous preſens & à venir, Salvt. Nos Predeceſſeurs d'heureuſe memoire, Roys de France, les Roys Charles V. & VII. Loüis XII. François I. Henry II. III. & autres, ayant mis en conſideration les grandes ſubjections & Charges de nos biens amez les Sergens à Verge au Chaſtelet, Preuoſté & Vicomté de Paris, comme d'aſſiſter au fait de Police, executions de Iuſtice, manutention d'icelle, garder les Barrieres, ſuiure noſtre Preuoſt de Paris, ſes Lieutenans, Commiſſaires, & autres infinies coruées; eſquelles leurs journées ſont journellement employées au hazard, & peril de leurs vies, & pertes de leurſdits Eſtats, ſans aucun profit ny gages, pour aucu-

Pouuoir donné aux Sergens à Verge d'executer seuls les Mandemẽs & ordonnances du Preuost de Paris, & ce qui dépend du scellé en la Ville, Preuosté & Vicomté de Paris.

nement reconnoistre tant de seruices, dont le public tire commodité, auroient accordé ausdits Sergens plusieurs beaux Priuileges, deüement verifiez en nostre Cour de Parlement, & par tout ailleurs où besoin a esté; entr'autres de pouuoir eux seuls executer les Mandemens & Ordonnances dudit Preuost de Paris, & ses Lieutenans, ce qui dépend de leur scellé, & adjuge dans ladite Ville, Faux-bourgs, Banlieüe, Preuosté & Vicomté de Paris, & anciens ressorts: Ensemble d'y faire aussi seuls toutes prisées, ventes, lots, partages de biens meubles, auec deffenses à tous autres Huissiers & Sergens de s'entremettre desdites executions & prisées, & aux Procureurs dudit Chastelet de Paris faire aucunes poursuites sur leurs Exploits, aux Greffiers, Notaires & Commissaires dudit Chastelet, prendre pour faire lesdites prisées, lots, ventes, partages de biens meubles, autres que lesdits Sergens, ny addresser les Commissions qu'ils expediront pour cet effet à autres qu'à eux, ainsi que le contiennent plus au long les Lettres Patentes en forme de Chartres, deüement verifiées, registrées & confirmées, tant par Arrests de nostre Conseil d'Estat, des dix Ianuier, vingt-trois Fevrier, & vingt-six Avril 487. qu'Arrests de nostredite Cour, des huit Ianuier 1533. & dix-sept Iuin, premier Fevrier 1553. vingt Nouembre 1556. dix-sept Fevrier 1570. premier & six Fevrier 1579. cy-attachées sous le contre-scel de nostre Chancellerie: Sçauoir faisons, Que voulans pour les

Comme aussi y faire seuls toutes prisées & ventes, à l'exclusion de tous autres.

Deffenses aux Procureurs du Chastelet d'occuper sur autres Exploits que ceux faits par les Sergens à Verge, en executiõ du scellé du Chastelet.

mesmes causes, raisons & considerations de nosdits Predecesseurs, fauorablement traiter lesdits Sergens à Verge dudit Chastelet; De l'aduis de nostre Conseil, qui a veu tous lesdits Priuileges, Edicts & Arrests, auons iceux continüez, confirmez, ratifiez & approuuez de nostre grace speciale, pleine puissance & authorité Royale, continüons, confirmons, ratifions & approuuons, Voulons & nous plaist, sortir leur plein & entier effet, pour de tout le contenu, mesme du pouuoir d'eux seuls executer les Mandemens, Ordonnances dudit Preuost de Paris, & ses Lieutenans, & ce qui dépend de leur scellé, & adjuge dans ladite Ville, Faux-bourgs, Banlieüe, Preuosté & Vicomté, & anciens ressorts; Ensemble y faire seuls toutes prisées, ventes, lots, partages de biens meubles, joüir & vser plainement & paisiblement, eux & leurs successeurs, conformément ausdits Arrests, & ainsi qu'ils en ont bien & deüement joüy & vsé, joüissent & vsent encore de present, sans qu'il soit loisible à tous autres Huissiers ou Sergens de s'entremettre directement ou indirectement à l'execution desdits Mandemens, Ordonnances & prisées, ce que nous leur inhibons, & tres-expressement deffendons à peine de nullité, d'amende arbitraire, & de tous despens, dommages & interests: comme aussi à tous Procureurs de faire aucune procedure sur lesdits Exploits, & aux Greffiers, Notaires & Commissaires, d'adresser leurs Commissions à autres qu'à eux, à peine

Aux Greffiers, Notaires, & Commissaires, de faire addresse de leurs Commissiõs à autres qu'aux Sergens à Verge.

Les Sergens à Verge ont leurs causes commises pardeuant le Preuost de Paris.

d'en reſpondre en leur propre & priué nom; Et lequel Preuoſt de Paris, ou ſes Lieutenans, Nous voulons & entendons, comme Conſeruateurs des Priuileges deſdits Sergens à Verge, connoiſtre ſeuls en premiere Inſtance de toutes & chacunes les cauſes & matieres, tant Ciuiles que Criminelles deſdits Sergens, ainſi qu'en joüiſſent les Sergens à cheual du Chaſtelet de Paris, ſans qu'autres Iuges en puiſſent connoiſtre, ce que leurs interdiſons. SI DONNONS en mandement à nos Amez & Feaux Conſeillers, les Gens de noſtre Cour de Parlement à Paris, Preuoſt dudit Lieu, ou ſes Lieutenans, & à chacun d'eux en droit ſoy, ſi comme il appartiendra, ces preſentes faire regiſtrer, & du contenu joüir & vſer leſdits Sergens à Verge, & leurs ſucceſſeurs, ſans permettre ny ſouffrir y eſtre troublez ou empeſchez par tous Huiſſiers, Sergens & autres, en quelque ſorte & maniere que ce ſoit, contraignans par chacun d'eux y obeïr & le ſouffrir, tous ceux qu'il appartiendra, par toutes les voyes deües & raiſonnables, nonobſtant oppoſitions ou appellations quelconques; pour leſquelles, & ſans prejudice d'icelles, ne voulons eſtre differé. CAR tel eſt noſtre plaiſir; & afin que ce ſoit choſe ferme & ſtable à touſjours, Nous auons fait mettre noſtre Scel à ceſdites preſentes, ſauf en autres choſes noſtre droict, & l'autruy en toutes. DONNE' à Paris au mois de Septembre, l'an de grace, mil cinq cens quatre-vingt dix-neuf: Et de noſtre Regne le vnziéme:

Et

Et ſur le reply eſt écrit, Par le Roy en ſon Conſeil, POVSSEPIN, & ſcellé du grand Sceau.

Et ſur le reply eſt encore écrit :

Regiſtrées, oüy le Procureur General du Roy, pour ioüir par les Impetrans du contenu en icelles, comme ils ont bien & deuëment cy-deuant ioüy & vſé, ioüyſſent & vſent encore à preſent. A Paris en Parlement le quinziéme iour de Ianuier mil ſix cens. Ainſi ſigné, VOISIN, CONTENTOR & PERROCHEL.

Extraict des Regiſtres de Parlement.

VEV par la Cour les Lettres Patentes données à Paris au mois de Septembre dernier, ſignées par le Roy en ſon Conſeil, POVSSEPIN, & ſeellées en double queuë de cire verte; Par leſquelles confirmant aux Sergens à verge du Chaſtelet, Preuoſté & Vicomté de Paris, les priuileges à eux octroyez par les Roys ſes predeceſſeurs rendus : Ordonne qu'ils en iouïſſent, meſmes de pouuoir ſeuls executer les Mandemens & Ordonnances du Preuoſt de Paris & ſes Lieutenans, en ce qui dépend de leur ſeellé, & adjuge dans la Ville, Faux-Bourgs, Banlieuë, Preuoſté & Vicomté, & anciens Reſſorts, enſemble y faire ſeuls toutes priſées, ventes, lots & partages de biens meubles. Requeſte par eux preſentée afin d'enterinement desdites Lettres auec les precedentes. Arrests & pieces attachées. Conclusions du Procureur General du Roy : Tout consideré. LADITE COVR a ordonné & ordonne, que lesdites Lettres seront registrées en icelle, ouy le Procureur General du Roy, pour iouyr par les Impetrans du contenu en icelles, comme ils en ont bien & deuëment iouy & vsé, iouyssent & vsent à present. Fait en Parlement le quinziéme Ianuier mil six cens.

Signé, DV TILLET.

Lettres Patentes, portant confirmation des Priuileges pour les Sergens à verge du Chastelet de Paris.

LOVIS par la Grace de Dieu Roy de France & de Nauarre ; A tous presens & à venir, Salut. Les Priuileges, dont les Rois nos Predecesseurs ont honoré nostre bonne Ville de Paris, comme le Siege de leur Empire, l'ont renduë florissante au poinct, qu'elle passe, sans contredit, pour la premiere de l'Europe : Mais comme le grand nombre d'habitans, & la multitude des estrangers qui y abordent de toutes parts, & qui y sont attirez par la reputation du Nom François, & par la grandeur des merueilles, dont il plaist à Dieu fauoriser nostre Regne, est ce qui en rend l'Ordre & la Police plus difficiles; Les Officiers qui sont preposez par Nous, pour faire & maintenir ladite Police, sont sans doute obligez, pour s'acquiter dignement de leurs Charges, à des soins continuëls, & nos bien amez les Sergens à verge au Chastelet, Preuosté & Vicomté de ladite ville de Paris, à des peines toutes extraordinaires, parce qu'ils sont obligez d'assister au faict de ladite Police, executions de Iustice, maintien d'icelle, garder les Barrieres, suivre nostre Preuost de Paris, ses Lieutenans, & accompagner les Commissaires, & faire des coruées infinies & sans nombre, esquelles ils consument la meilleure & plus considerable partie de leur temps & de leurs journées, sans en receuoir aucun profit ny retribution, au contraire ils sont le plus souuent exposez au hazard de leurs vies: Mais pour aucunement reconnoistre tant de trauaux, dont le public reçoit des auantages tres-considerables, Le Roy Henry quatriéme nostre Ayeul, de glorieuse memoire, & les Rois nos Predecesseurs, auroient par leurs Lettres Patentes, en forme de Chartres, accordé ausdits Sergens à verge plusieurs beaux Priuileges, * entr'autres de pouuoir executer les Mandemens & Ordonnances dudit Preuost de Paris ou ses Lieutenans; ce qui dépend de leur scelé, iugé dans ladite Ville & Faux-bourgs, Ban-lieuë, Preuosté & Vicomté de Paris, & anciens ressorts, ensemble d'y faire aussi, seuls, toutes prisées, ventes, lots, partages de biens meubles, auec tres-

* Pouuoir donné aux Sergens à Verge d'executer seuls les Mandemēs & ordonnances du Preuost de Paris, & ce qui dépend du scelé en la Ville, Preuosté & Vicomté de Paris.

expresses inhibitions & deffenses & à tous autres Huissiers & Sergens de s'entremettre directement ny indirectement en l'execution desdits Mandemens & Ordonnances prisées & ventes ; à peine de nullité, d'amende arbitraire, & de tous despens, dommages & interests, dont se sont ensuiuis plusieurs Iugemens & Arrests, qui ont fait deffenses à toutes personnes d'exposer en vente en leurs maisons & places de ladite ville & faux-bourgs aucuns meubles, sans estre assistez de l'vn desdits Sergens à verge : Comme aussi par lesdits Edits & Arrests, deffenses sont faites aux Procureurs dudit Chastelet de faire aucunes poursuites sur les exploits faits par autres que lesdits Sergens à verge, en execution desdits Mandemens & Ordonnances dudit Preuost de Paris, ou ses Lieutenans : & aux Greffiers, Notaires & Commissaires dudit Chastelet d'adresser leurs Commissions à autres qu'ausdits Sergens à verge, à peine d'en répondre en leurs propres & priuez noms ; la connoissance de toutes & chacunes les causes, desquels Sergens à verge, sans distinction, tant en matiere ciuile que criminelle, est par lesdites Lettres attribuée en premiere instance à nostredit Preuost de Paris ou ses Lieutenans, comme Conseruateurs de leurs Priuileges, pour en joüir par lesdits Sergens à verge, tout ainsi que les Sergens à cheual dudit Chastelet de Paris ; auec interdiction à tous autres Iuges d'en connoistre : Toutes lesquelles Lettres patentes ont esté verifiées, registrées & confir-

Comme aussi y faire seuls toutes prisées & ventes, à l'exclusion de tous autres.

Deffenses aux Procureurs du Chastelet d'occuper sur autre Exploits que ceux faits par les Sergens à Verge, en executiõ du scellé du Chastelet.

Aux Greffiers, Notaires, & Commissaires, de faire addresse de leurs Commissiõs à autres qu'aux Sergens à Verge.

Les Sergens à Verge ont leurs causes commises pardeuant le Preuost de Paris.

mées, tant par Arrest de nostre Conseil d'Estat, des dix Ianuier, vingt-trois Février & vingt-six Avril 1587, qu'Arrests de nostre Parlement de Paris des huit Ianuier, premier Fevrier & dix-sept Iuin 1556, vingt Nouembre audit an, dix-sept Fevrier 1570, premier & dix Fevrier 1579, & notamment par celuy du quinze Ianuier 1600, cy auec lesdites Lettres patentes, attachées sous le contre-seel de nostre Chancellerie : A CES CAVSES, desirans fauorablement traiter lesdits Sergens à verge du Chastelet de Paris, & leur donner moyen de s'acquiter, auec tout le soin possible, de l'exercice & fonction de leurs Charges ; De l'auis de nostre Conseil, qui a veu tous lesdits Priuileges, Edits & Arrests, Auons iceux Priuileges continuez, confirmez & ratifiez & aprouuez, & de nostre grace speciale, pleine puissance & authorité Royale, continuons, confirmons, ratifions & approuuons par ces presentes, signées de nostre main ; Voulons, & nous plaist qu'elles sortent leur plein & entier effet, pour de tout le contenu icelles iouïr & vser pleinement & paisiblement, eux & leurs successeurs, conformément ausdits Arrests, & ainsi qu'ils en ont bien & deuëment joüy & vsé, iouissent & vsent de present. SI DONNONS EN MANDEMENT à nos amez & feaux Conseillers les Gens tenans nostre Cour de Parlement de Paris, Preuost dudit lieu, ou son Lieutenant, & à chacun d'eux en droit soy, ainsi qu'il appartiendra, que ces presentes faſſent publier & regiſtrer, & du contenu en icelles iouyr & vſer par leſdits Sergens à verge & leurs ſucceſſeurs pleinement & paiſiblement, ſans ſouffrir ny permettre qu'ils ſoient troublez ny empeſchez par tous autres Huiſſiers & Sergens, & tous autres generalement quelconques, en quelque ſorte & maniere que ce ſoit, ceſſant & faiſant ceſſer tous troubles & empeſchemens au contraire : & ce, nonobſtant oppoſitions ou appellations quelconques; pour leſquelles, & ſans preiudice d'icelles, ne ſera differé: CAR tel eſt noſtre plaiſir; Et afin que ce ſoit choſe ferme & ſtable à toûjours, Nous auons fait mettre noſtre Seel à ceſdites preſentes, ſauf en autre choſe noſtre droit, & l'autruy en toutes. DONNE' à Paris au mois de Decembre, l'An de Grace mil ſix cens ſoixante-huit, Et de noſtre Regne le vingt-ſixiéme. Et ſur le reply eſt eſcrit, Par le Roy, PHELIPPEAVX. Et ſur ledit reply eſt encore eſcrit, VISA, SEGVIER. Et au deſſous,

Pour ſeruir aux Lettres de confirmation des Priuileges des Sergens à verge au Chaſtelet de Paris.

Regiſtrées, Oüy le Procureur General du Roy, pour joüir par les Impetrans de l'effet & contenu deſdites Lettres, ſelon leur forme & teneur. A Paris, en Parlement, le douze Ianuier 1669. Signé, DV TILLET.

Extraict des Registres de Parlement.

VEV par la Cour les Lettres Patentes du Roy, données à Paris au mois de Decembre 1668. Signé, LOVIS. Et sur le reply, Par le Roy, PHILIPPEAVX, & seellées du grand Sceau de cire verte sur lacqs de soye, obtenuës par les Sergens à verge au Chastelet, Preuosté & Vicomté de Paris ; Par lesquelles ledit Seigneur Roy auroit pour les causes y contenuës confirmé, ratifié & approuué lesdits Priuileges & Arrests à eux cy-deuant accordez, attachez sous le contreseel desdites Lettres, Voulant qu'ils sortent leur plein & entier effet ; Pour du contenu en iceux ioüir & vser pleinement & paisiblement, eux & leurs successeurs, conformément ausdits Arrests, & ainsi qu'ils en ont bien & deuëment ioüy & vsé, ioüissent & vsent de present : Requeste afin d'enterinement desdites Lettres : Conclusions du Procureur General : Ouy le Rapport de Maistre Dulaurens, Et tout consideré. LA COVR, A ORDONNE' ET ORDONNE, que lesdites Lettres seront enregistrées au Greffe d'icelle, pour ioüir par lesdits Impetrans de l'effet du contenu en icelles, selon leur forme & teneur. Fait en Parlement le douze Ianuier mil six cens soixante-neuf. Signé, DV TILLET. Et plus bas est escrit,

Publié en Iugement au Chastelet de Paris, l'Au-

diance tenant ; Ouï M. Pierre Brigallier Aduocat du Roy audit Chaſtelet, ſur le requiſitoire de Maiſtre Pierre Barangne, Procureur de la Communauté des Sergens à verge, ſeront regiſtrées au Regiſtre des Bannieres dudit Chaſtelet, pour y auoir recours, quand beſoin ſera, & deliuré le preſent Acte, pour ſeruir & valoir en temps & lieu ce que de raiſon, le Vendredy premier jour de Feurier 1669. Et à coſté eſt eſcrit, *Publié en la Chambre Criminelle du Chaſtelet, l'Audiance tenant, ouï M.* *le Febvre d'Ormeſſon Aduouocat du Roy audit Chaſtelet, ſur le requiſitoire de Maiſtre Pierre Barangne Procureur de la Communauté des Sergens à verge ; & ſeront regiſtrées és Regiſtres des Bannieres dudit Chaſtelet, pour y auoir recours quand beſoin ſera, & deliuré le preſent pour Acte, pour valoir & ſeruir ce que de raiſon, le Mercredy treizieſme Feurier 1669. par moy Conſeiller Secretaire du Roy, & Greffier en ladite Chambre Criminelle, Signé,* Le Cointre.

EN execution deſquelles Lettres Patentes pluſieurs Arreſts, Sentences, Reglemens & Ordonnances

donnances ſont interuenus, confirmatifs des droits & priuileges deſdits Sergens à verge, particulierement ceux cy-apres cottez.

Extraict des Regiſtres de Parlement.

ARREST de la Cour de Noſſeigneurs de Parlement de Paris, donné au profit de la Communauté des Sergens à verge au Chaſtelet de Paris le cinq Iuin 1347.

Contre Iean Fonton Bedeau de la Iuſtice de Sainte Geneuiefue, qui ſe diſoit par ſes exploits Sergent Royal.

Arreſt du 5. Iuin 1347 contre vn Bedeau de Sainte Geneviéve, pour auoir mal pris la qualité de Sergent Royal, condamné à l'amende, & faire amende honorable.

Par lequel a eſté ordonné que pour raiſon des concuſſions & exactions, & de ſoy nommer Sergent Royal, a eſté declaré inhabile de plus exercer Offices, condamné à l'amende, faire amende honorable au Parc Ciuil dudit Chaſtelet, tenant en ſes mains vne torche ardente du poids de deux liures, & aux deſpens, ainſi que le contient plus au long ledit Arreſt, ſigné enfin, MASLON.

Extraict des Regiſtres de Parlement.

Arreſt du 14 Decembre 1531, portãt

ENTRE les Huiſſiers de la Cour de Ceans & les Huiſſiers des Requeſtes du Palais, &

C

Reglement entre les Huissiers de la Cour, & autres Iurisdictions.

de l'Hostel du Roy, demandeurs & requerans l'enterinement de certaine Requeste par eux baillée à la Cour: Et encore les quatre Sergens ordinaires du Bailliage du Palais, aussi demandeurs: & demandeurs en l'enterinement d'vne autre Requeste par eux baillée à la Cour d'vne part: Et les onze-vingts Sergens à verge du Roy au Chastelet de Paris, deffendeurs à l'entherinement desdites Requestes, d'autre part: Apres que de Thou pour lesdits Huissiers de la Cour, Huissiers, Sergens des Requestes du Palais, & de l'Hostel du Roy: Chomadey pour les onze-vingts Sergens à verge du Chastelet de Paris, Et Martinet pour les Sergens du Bailliage du Palais, Et Dalligre pour le Roy, ont esté oüys sur l'entherinement de la Requeste des Huissiers de ladite Cour, Huissiers & Sergens desdites Requestes du Palais & de l'Hostel, par laquelle pour certaines causes contenuës en icelles; ils requeroient defenses estre faites ausdits Sergens à verge, & autres qu'il appartiendroit, de ne faire aucuns Exploicts de Iustice en la Salle du Palais, ny closture d'iceluy, sur peine de prison & amende arbitraire; Et au Bailly du Palais, Procureur du Roy, Greffier d'iceluy Bailliage, & à tous autres qu'il appartiendra, de ne leur donner permission ny puissance de ce faire: Et aussi sur la Requeste desdits Sergens du Bailliage du Palais, baillée tendante à ce que deffenses fussent faites ausdits Sergens à verge ne faire aucuns Exploicts dedans le Palais, ny closture dudit Bailliage: Sur quoy lesdits Sergens à verge ont dit qu'ils estoient Sergens

Royaux & ordinaires en la ville & banlieuë de Paris, & de mesme creation & nature que sont les Sergens à cheual du Chastelet de Paris, & que tout ainsi que lesdits Sergens à cheual exploitent par tout ce Royaume hors de la Ville & Banlieuë; Lesdits Sergens à verge exploitent *in qualibet parte*, de ladite ville & banlieuë, & ce fondez de droict commun & Priuileges des Roys de France, confirmez par le Roy à present regnant, publiez & registrez Ceans, & és Arrests de la Cour des Aydes, & suiuant ce qu'ils sont en possession immemoriale, de mettre à execution tout ce qui dépend de la Iurisdiction ordinaire, scellé & iugé dudit Chastelet, & de ladite Iustice des Aydes en la ville & banlieüe de Paris, priuatiue à tous autres : Et encores sont en possession immemoriale, & à eux appartient de mettre à execution tous Arrests, Sentences & Iugemens, Lettres Royaux, Commissions, Ordonnances, Appointemens, appartenans & adressez à Huissier, Sergent Royal au dedans de ladite Ville & Banlieüe de Paris, en quelque lieu que ce soit, & mesme au Bailliage du Palais & Ceans: & entant que touche la qualité que les Huissiers des Requestes de l'Hostel du Roy & du Palais ont voulu prendre; En ce qu'ils se disent Huissiers, Sergens, voulans par ce moyen accommoder la qualité de Sergent, auec celle d'Huissier, ont protesté lesdits Sergens à verge, que ladite qualité ne leur puissent nuire, ne prejudicier, & qu'ils n'entendent que par icelle aucune puiſſance leur ſoit attribuée de faire aucun exploict appartenant ſimplement à Sergent Royal, ne autres exploicts, ſinon ceux qui dépendent, & leur ſont ſpecialement ordonnez & commis par les Cours dont ils ſont Officiers, reſpectiuement, attendu qu'ils ne ſont Officiers ordinaires, & n'ont aucun Territoire, & que leur puiſſance eſt limitée pour le ſeruice deſdites Cours, & non pour autre cas, n'empeſchent toutesfois que ladite qualité ne leur demeure *ad iuſtum effectum dumtaxat*, pour la difference de la qualité d'entr'eux & des Huiſſiers de Ceans, concluënt à abſolution, & demandent deſpens: A quoy a eſté répondu par les Huiſſiers, Sergens deſdites Requeſtes, tant de l'Hoſtel & du Palais, que ladite qualité d'Huiſſier, Sergent leur eſt baillée par le Roy, & ainſi le portent leurs Lettres, & tels tenus, reputez & declarez par pluſieurs Arreſts de la Cour de Ceans, & outre leſdits Huiſſiers de Ceans, Huiſſiers & Sergens deſdites Requeſtes, tant de l'Hoſtel que du Palais, & auſſi les Sergens du Bailliage du Palais, que leſdits Sergens fuſſent tenus aller reſider ſur les lieux, où ils ſont deputez par les anciennes Ordonnances, & qu'ils ne vinſſent plus en la Salle du Palais ſe promener, ne ſe tinſſent aux Bancs des Procureurs de Ceans, pour eſperer à faire les ſignifications comme ils ont accouſtumé de faire. LA COVR en entherinant la Requeſte à elle preſentée par les Huiſſiers d'icelle, Huiſſiers Sergens des Requeſtes du Palais, & des Requeſtes de l'Hoſtel, A ordonné & ordonne, qu'entant que touche les Ordonnances qui seront faites par ladite Cour, ausquelles n'y aura aucune adresse ou Commission, elles seront executées par les Huissiers d'icelle seuls: Et fait ladite Cour deffenses à tous autres de prendre aucune execution d'icelles Ordonnances. Et entant que touche les Ordonnances qui seront faites par les Gens tenans les Requestes du Palais, & les Maistres des Requestes de l'Hostel du Roy, ausquels aussi n'y aura adresse de Commission, elles seront executées par les Huissiers Sergens desdites Requestes du Palais ou de l'Hostel respectiuement: Et quant aux Lettres Royaux & Commissions des Iuges Royaux adressantes au premier Huissier ou Sergent, Ordonne ladite Cour qu'elles pourront estre executées par vn Sergent à verge dudit Chastelet (Ceans) en demandant assistance au Bailly du Palais ou son Lieutenant General, & en son absence à son Lieutenant Particulier; Et entant que touche les Arrrests & Commissions de ladite Cour, aussi adressantes au premier Huissier ou Sergent, Ordonne ladite Cour, que s'il est question de faire l'execution desdits Arrests & Commissions Ceans seront faites par les Huissiers d'icelle Cour: Et ne se pourront faire lesdites executions par autres: Et enjoint la Cour aux Sergens à verge dudit Chastelet, d'aller tenir & faire leur residence és lieux où ils la doiuent faire selon & en suiuant les Ordonnances. Fait en Parlement le quatorziéme iour de Decembre, l'an mil cinq cens trente-vn. Signé, VOISIN.

Extrait d'vn Edit de François I. en faueur de soixante Sergens à cheual pour resider à Paris, du mois d'Avril 1544.

PAr Edit du Roy François premier, donné à Roüen au mois d'Avril 1544, Est permis à soixante des onze-vingts Sergens à cheual du Chastelet de Paris, nommez par ledit Edit, d'exploiter indifferemment, comme font tous les Huissiers & Sergens establis en chacune des Iurisdictions de ce Royaume, & les Sergens à verge & fieffez, & ce par toute la Ville, Banlieüe, Preuosté & Vicomté de Paris.

Voir Iolly, titre 31. folio 1561.

Lequel Edit a esté verifié en la Cour de Parlement à Paris, le huitiéme May audit an 1544. Sur l'opposition formée à ladite verification, tant par lesdits Sergens à verge, que Huissiers de la Cour & Requestes de l'Hostel, & ce aux modifications, que lesdits Huissiers à cheual ne pourront prendre plus grands salaires qu'ont accoustumé lesdits Sergens à verge.

Ensuit les Noms des soixante nommez audit Edit.

1. Simon le Metayer.
2. Pierre Galand.
3. Mathieu Boullay.
4. Iean Victor.
5. Michel Chapperon.
6. Iean Fremiere.
7. Thomas Haslin.
8. Estienne le Large.
9. Iacques la Hocgue.
10. Nicolas Regnault.
11. Iean Trisbouleau.
12. Denis Deleaue.
13. Guillaume Grand-Iean.
14. Iean de la Breteche.
15. Louis le Gallois.
16. Iean Durand.
17. Eustache Painguet.
18. Hierosme Cuffort.
19. Iacques le Sage.
20. Pierre de Cy.
21. Augustin Segard.
22. Fremin Regnard.
23. Iacques Boisselet.
24. Dreux du Bois.
25. Christophle Boullier.
26. Guillaume Figuer.
27. Iacques Clement,
28. Guillaume du Fort.
29. Iean Bachelot.
30. Anthoine le Bel.
31. Iean Gerafelict.
32. Iean Destrinel.
33. François Henry.
34. François Chelmeau.
35. Bertrand Martin.
36. Nicolas de Mesieres.
37. Iean de Champigny.
38. Martin le Beau.
39. Nicolas Picard.
40. Iacques Chapelines.
41. Pierre Bernard.
42. Laurens Bourgoing.
43. Guillaume Collier.
44. Antoine Bodin.
45. Pierre Angenoust.
46. Guillaume de la Marre.
47. Hector Charpentier.
48. Nicolas de la Croix.
49. Claude Malir.
50. Estienne le Mercier.
51. Georges Rousel.
52. Claude le Pescheur.
53. Denis Perde.
54. Nicolas Piecery.
55. Estienne Courieu.
56. Louis Feragu.
57. Estienne le Feigueux.
58. Iean Berard.
59. Estienne Genolle.
60. Guillaume Bigot.

Extraict des Registres de Parlement.

Arrest de ladite Cour du onze Octobre 1546. par lequel est permis ausdits Sergens à verge de leuer les enfans trouuez.

AVTRE Arrest de ladite Cour du vnziéme Octobre 1546. interuenu entre Monsieur le Procureur General du Roy, pour la nourriture & education des enfans trouuez & exposez à Paris, d'vne part.

Contre les Doyen, Chanoines & Chapitre de l'Eglise de Nostre-Dame, deffendeurs d'autre.

Et encore ledit Procureur General demandeur.

Contre l'Euesque de Paris, les Religieux, Abbé & Conuent de Saint Denys, & plusieurs autres Chapitres, Conuents & Communautez, nommez par iceluy Arrest.

Par lequel est permis aux Sergens à verge d'enleuer les Enfans trouuez & exposez, & en faire leurs procez verbaux, ainsi que le contient plus au long ledit Arrest, Signé, DE HEVES.

Extraict des Registres de Parlement.

Arrest de la Cour du 2. Iuillet 1560. qui deboute les Sergens

ENtre les Sergens à verge du nombre de la douzaine du Chastelet de Paris, demandeurs & requerans l'enterinement & verification de certaines

taines Lettres Patentes en forme d'Edict, données à Paris au mois de May 1558. par lesquelles & pour les causes y contenuës, le Roy par Edict perpetuel & irreuocable dit, statué, & ordonné, veut & luy plaist, que les Sergens de la douzaine puissent & leur soit loisible d'exploicter, faire tous exploicts & informations, non seulement en la ville & faux-bourgs & banlieüe de Paris, mais aussi par toute la Preuosté & Vicomté de Paris & anciens ressorts d'icelle, tout ainsi que font & ont accoustumé de faire tous les autres Sergens à verge fieffez, qu'autres du Chastelet de Paris; lesquels exploits qui seront par eux faits, ledit Seigneur authorise, & veut estre de tel effet & vertu que ceux desdits fieffez à verge & à cheual dudit Chastelet de Paris, & sans ce que lesdits Sergens de la douzaine, leurs successeurs desdits Offices soient tenus de demander assistance, placet, visa ny pareatis, autrement qu'ont accoustumé faire lesdits Sergens fieffez ou autres, d'vne part : Et les vnze vingts Sergens à verge, & les vnze vingts Sergens à cheual dudit Seigneur au Chastelet de Paris, deffendeurs & opposans à la verification & entherinement desdites Lettres, d'autre : VEV par ladite Cour lesdites Lettres Patentes : Les causes d'opposition desdits Sergens à verge & à cheual: Responce à icelles, auec tout ce qui a esté mis & produit par lesdites parties pardeuant certain Commissaire de ladite Cour; Oüy son rapport; veües aussi les conclusions du Procureur General; tout consideré. DIT

de la douzaine de l'effet de leurs Lettres.

Voir Iolly, titre 36 £ 1627.

A ESTE', que ladite Cour pour certaines cauſes & conſiderations à ce la mouuant, a debouté & deboute leſdits Sergens de la douzaine & autres de l'effet & entherinement deſdites Lettres Patentes. PRONONCE' à la Barre de ladite Cour le deuxiéme Juillet mil cinq cens ſoixante. Signé, DV TILLET.

Extraict des Regiſtres de Parlement.

Arreſt contre les Rebellionnaires, du 26. Avril 1576.

ARreſt de la Cour du vingt-ſix Avril 1576. ſigné, BVDE' Greffier Criminel, par lequel appert, que veu par la Cour le procez criminel fait par le Preuoſt de Corbeil, à la requeſte du Subſtitut du Procureur General du Roy, allencontre de Jean de Breſme Manouurier demeurant aux Faux-bourgs dudit Corbeil, pour raiſon des rebellions faites ſur Pierre Gilbert Sergent à verge, & Mathurin Marais ſon Records, a eſté condamné auoir le poing coupé, & ce fait pendu & eſtranglé à vne potence qui ſeroit leuée au Marché & Place dudit Corbeil, pour ſon corps mort demeurer pendu l'eſpace de vingt-quatre heures, apres porté pendu à vne autre potence qui seroit mise sur le grand chemin tendant à Paris, ainsi que le contient plus au long ledit Arrest.

Extrait des Registres de Parlement.

ENtre les Maistres Procureur & Receueur de la Communauté des onze-vingts Sergens à cheual du Chastelet de Paris, demandeurs selon le contenu d'vne Commission de la Cour de ceans, du vingt-trois Decembre 1573. & exploit fait en vertu d'icelle du douze Ianuier ensuiuant, d'vne part; Et Nicolas Charles & Antoine Cousinet Sergens en la Preuosté de l'Hostel, d'autre. VEV par la Cour ladite Commission. Appointement en droit. Aduertissement & production desdits demandeurs. Forclusions de procedures par lesdits defendeurs. Arrest du neuf Aoust dernier, par lequel auroit esté ordonné que dans quinzaine prochainement venant, lesdits defendeurs exhiberont le Priuilege & pouuoir par eux mis en auant, verifié en ladite Cour; autrement & à faute de ce faire dans ledit temps, & iceluy passé, seroit procedé en Iugement diffinitif de ladite instance, ensuiuant qu'il obtiendroit forclusion de satisfaire audit Arrest par lesdits defendeurs: Et tout consideré. DIT A ESTE', que ladite Cour a declaré & declare les deffenses faites à la requeste desdits demandeurs ausdits defendeurs

Arrest de ladite Cour du 23 Nouembre 1577. Portant Reglement contre les Huissiers de la Preuosté de l'Hostel.

bonnes, valables: Et leur fait inhibitions & deffenses, particulierement d'exploiter & mettre à execution les Sentences, Arrests & Commissions de ladite Cour, ny des Iuges ordinaires & Royaux qui sont de la Iustice & Iurisdiction de la Preuosté de l'Hostel, & ne s'entremettre seulement du faict de ladite Preuosté de l'Hostel, & exploits de la Iustice & Iurisdiction d'icelle, sur peine de nullité desdits exploits, priuation de leurs Offices, & d'amende arbitraire; Et a condamné & condamne lesdits defendeurs és despens de ladite instance, telle que de raison. PRONONCE' le vingt-troisiéme iour de Nouembre mil cinq cens septante-sept. Signé, DV TILLET.

SEntence renduë en la Chambre Criminelle du Chastelet de Paris, donnée en faueur des Sergens à verge audit Chastelet le dix-huit Fevrier 1584.

Du 18. Fevrier 1584. Deffenses aux Bedeaux & Sergens des Iustices Subalternes de porter Enseigne.

Contre Jacques Faucheur Sergent à Bagnolet, qui portoit Enseigne pour marque d'Officier.

Par laquelle a esté ordonné que ladite Enseigne seroit confisquée, auec deffense de porter Enseigne autre part qu'audit Bagnolet, à peine d'amende & de prison, & aux despens, ainsi que le contient plus au long ladite Sentence.

SEntence renduë au Presidial du Chastelet de Paris en faueur de la Communauté des Sergens à verge audit Chastelet le vingt-septiéme Fevrier 1587.

Contre Charles Huart, aussi Sergent à verge audit Chastelet.

Reglement du 27 Fevrier 1587 pour les Confrairies.

Par laquelle ledit Huart est condamné de payer aux Maistres de Communauté les droicts de Confrairies, & les arrerages d'icelles par luy deubs, & continuer d'an en an tant qu'il seroit audit Office, à peine d'amende arbitraire, & aux despens.

Extraict des Registres de Parlement.

Arrest du 6 Iuin 1587, Portant Reglement entre les Sergens à verge du Chastelet de Paris, & ceux de la douzaine.

ENtre les Sergens de la douzaine du Chastelet de Paris, demandeurs & requerans la publication d'autres Lettres Patentes en forme de Declaration par eux obtenuës le septiéme iour d'Octobre 1575. d'vne part : Et les Maistres Gouuerneurs de la Communauté des vnze-vingts Sergens à verge, Priseurs, Vendeurs audit Chastelet, Preuosté & Vicomté de Paris, vnis en vn seul Corps, auec quarante autres Sergens à verge, Priseurs Vendeurs audit Chastelet, Preuosté & Vicomté de Paris, ſuiuant l'Edict du mois de Juillet 1575. deffendeurs d'autre : Et encore leſdits Maiſtres Gouuerneurs de ladite Communauté demandeurs & requerans l'enterinement d'vne Requeſte par eux preſentee à ladite Cour le cinquieſme iour de Juillet 1584. & en execution des Arreſts d'icelle des deux Iuillet 1572. Ianuier 1576. & autres precedens, d'vne part : Et leſdits Sergens de la douzaine deffendeurs & empeſchans l'enterinement de ladite Requeſte d'autre. VEV par la Cour leſdites Lettres Patentes du ſeptieſme iour d'Octobre 1575. par leſquelles le Roy auroit declaré qu'il vouloit & entendoit que leſdits Sergens de la douzaine ioüyſſent & vſaſſent de l'effet, pareil pouuoir & priuilege que leſdits vnze-vingts Sergens à verge, Priſeurs, Vendeurs, ainſi qu'il eſtoit contenu en l'Edict par luy fait au mois de Iuillet audit an : Ledit Edict dudit mois de Iuillet : Ladite Requeſte du cinq Iuillet, de l'entherinement de laquelle eſt queſtion, tendant à ce que les onze vingts Sergens à verge fuſſent maintenus & gardez en leurs Droits & Priuileges accoûtumez, pour faire tous exploits de Iuſtice, priſées & ventes de biens meubles en la Ville, Faux-bourgs, Ban-lieuë, Preuoſté & Vicomté de Paris, conformément aux Edits & Arreſts obtenus par eux & leſdits Sergens de la douzaine, condamnez iceux entretenir ſelon leur forme & teneur; auec deffenſes d'y contreuenir, à peine de nullité de leurs exploits, priſées & ventes, deſdits dommages & intereſts des parties, priuation de leurs Offices, & amende extraordinaire : & pour la contrauention par eux faite aux Sentences, Edits & Arrests, tant pour auoir exploité hors de ladite Ville & Ban-lieuë, que fait des prisées & ventes de biens meubles & autres, pris qualité de Sergent à verge, fussent leurs exploits, prisées & procez verbaux de ventes, declarez nuls & abusifs, & iceux Sergens de la douzaine condamnez en l'amende, tant enuers le Roy, que ladite Communauté, & despens, dommages & interests desdites parties; ordonner que les deffenses à eux cy-deuant faites tiendront, & que l'Arrest qui interuiendroit sur ladite Requeste, seroit leu & publié au Parc Ciuil du Chastelet, à iour & heure de plaids, iceux tenans, & autres lieux qu'il appartiendroit : Ledit Arrest du deux Iuillet 1560. entre lesdits Sergens de la douzaine, demandeurs & requerans l'entherinement & verification de certaines Letres Patentes en forme d'Edit, données à Paris au mois de May 1558. afin de pouuoir exploiter par toute la Preuosté & Vicomté de Paris, ainsi qu'il estoit permis aux onze-vingts Sergens à verge, & onze-vingts Sergens à cheual, par lequel, entr'autres choses, lesdits Sergens de la douzaine auroient esté deboutez de l'effet & entherinement desdites Lettres Patentes : Ledit Arrest du douze Ianuier 1576. par lequel, entr'autres choses, auroit esté ordonné, que pour faire droit sur la publication desdites Lettres en forme de Declaration dudit septiéme Octobre 1575. les parties mettroient leurs pieces pardeuers elle, & à cette fin les auroit appointées au Conseil, pour le tout veu, les regler, & cependant adjugé la prouision aux vnze-vingts Sergens à verge contre lesdits Sergens de la douzaine : Appointement en droict à écrire par aduertissement, & production sur l'enterinement de ladite Requeste du cinq Iuillet: Plaidoyé desdites parties suiuant ledit Arrest du vingt Ianuier. Aduertissement desdits Maistres & Gouuerneurs sur l'enterinement de ladite Requeste. Production desdits Sergens de la douzaine sur ledit appointé au Conseil, qu'ils auroient employée pour production sur ladite instance de Requeste. Production desdits Maistres & Gouuerneurs sur ladite Requeste, qu'ils auroient aussi employée pour production sur ledit appointé au Conseil. Contredits & saluations desdites parties, suiuant l'Arrest du vingt Iuillet 1585. Autre Arrest du vingt-cinq Février 1586. entre lesdits Maistres Gouuerneurs de la Communauté desdits vnze-vingts Sergens à verge, & Nicolas Coraillez l'vn desdits vnze-vingts Sergens, en son nom, appellant d'vne Sentence donnée par le Preuost de Paris ou son Lieutenant le dix-sept Mars 1576. d'vne part : Et Pierre Vassets & Iean Martin Procureurs desdits Sergens de la douzaine intimez d'autre, par lequel sur ledit appel, lesdites parties auroient esté appointées au Conseil, & ioint au premier appointé au Conseil ; ladite Sentence du dix-sept Mars, dont est appel. Plaidoyé & productions desdites parties suiuant

ſuiuant ledit Arreſt. Concluſions du Procureur General du Roy, auquel le tout par Ordonnance de ladite Cour auroit eſté communiqué; & tout conſideré. DIT A ESTE', ſans auoir égard auſdites Lettres en forme de Declaration dudit ſeptiéme Octobre, de l'effet & enterinement deſquelles, ladite Cour a debouté & deboute leſdits Sergens de la douzaine, que ladite Cour a mis & met l'appellation & Sentence du dix-ſept Mars au neant, ſans amende; Et faiſant droit ſur le tout, ayant eſgard à ladite Requeſte du cinq Iuillet, a fait & fait inhibitions & deffenſes auſdits Sergens de la douzaine, faire aucune priſée ou vente de biens meubles en la Ville, Banlieuë, Preuoſté & Vicomté de Paris, faire aucuns Exploits ou Actes de Iuſtice hors ladite Ville & Banlieuë, à peine de nullité, des dommages & intereſts des parties, & amende arbitraire, applicable, moitié au Roy, moitié à ladite Communauté; pareillement de s'entremettre d'aller aux Barrieres auec leſdits Sergens à verge, ny de ſe nommer & prendre la qualité de Sergens à verge, du nombre de la douzaine, au Chaſtelet, Preuoſté & Vicomté de Paris, Priſeurs & Vendeurs de biens, ains ſeulement Sergens de la douzaine dudit Chaſtelet de Paris; Ordonne ladite Cour que le preſent Arreſt ſera leu & publié au Parc Ciuil dudit Chaſtelet, à iour & heure de plaids, iceux tenans, afin que perſonne n'en pretende cauſe d'ignorance: le tout ſans deſpens, & pour cauſe. PRONONCE' le ſixiéme iour de Iuin l'an mil cinq cens quatre-vingt-ſept. Ainſi ſigné, DV TILLET. En marge & en bas, LALLEMAND. Et au dos eſt eſcrit ce qui enſuit.

L'An mil cinq cens quatre-vingts ſept, le Mardy neufiéme iour de Iuin, Fut le preſent Arreſt montré, ſigniffié, & d'iceluy baillé copie aux Sergens de la douzaine, en parlant à Iean Martin, l'vn deſdits Sergens de la douzaine, leur Procureur Syndic, trouué ruë Saint Honoré en cette ville de Paris, & à eux, parlant comme deſſus, fait les deffenſes contenuës & portées par ledit Arreſt, le tout à ce qu'ils n'en pretendent cauſe d'ignorance, & leur ay baillé copie dudit Arreſt & preſent Exploit. Fait par moy Huiſſier du Roy en ſa Cour de Parlement, ſous-ſigné, Ainſi ſigné, Iulien.

Extraict des Regiſtres de Parlement.

VEV par la Cour les Lettres du Roy en forme de Chartre, données à Paris au mois de Iuillet dernier, ſignées ſur le reply, par le Roy eſtant en ſon Conſeil, BRVSLART, par leſquelles, pour aucunement recompenſer les Sergens à cheual du Chaſtelet de Paris, de la diminution qu'apporte en leurs Eſtats & Offices l'ampliation du pouuoir n'agueres attribué à tous les Sergens de ce Royaume, ainſi qu'il eſt porté par l'Edict du mois de Ianuier 1586. le Roy auroit permis auſdits Sergens à cheual de reſigner leurs Eſtats à perſonnes capables, ſans faire finances; toutesfois ayant reconnû que telle permiſſion n'eſtoit ſuffiſante recompenſe, veut & ordonne qu'au lieu de telle permiſſion de reſigner leurs Eſtats ſans finances, laquelle entant que beſoin ſeroit, il auroit reuoqué que leſdits Sergens puiſſent à l'aduenir joüyr & poſſeder leurs Eſtats en tiltres de ſuruiuances: Voulant qu'ils les puiſſent reſigner & en diſpoſer par eux, leurs veufves, enfans & heritiers, en prenant Lettres de prouiſion qui leur ſeront expediées, ſans pour ce payer aucune finance ny marcq d'or pour la premiere fois tant ſeulement, en leur permettant faire tous Exploicts & Actes de Iuſtice, Priſées & Ventes de biens meubles en cette Ville & Banlieuë de Paris, & par tout ailleurs, comme les autres Sergens Priſeurs-Vendeurs, & outre que leſdits Sergens à cheual puiſſent prendre la qualité d'Huiſſiers, auec attribution de toutes leurs cauſes, tant en matiere Ciuile que Criminelle, en demandant ou deffendant au Preuoſt de Paris, ſans qu'ils ſoient tenus de plaider ailleurs ſi bon ne leur ſemble, comme plus amplement le contiennent leſdites Lettres.

Arreſt de ladite Cour du 5. Septembre 1587 portant Reglement cōtre les Sergens à cheual.

Causes d'opposition de la Communauté des vnze-vingts Sergens à verge du Chastelet, Preuosté & Vicomté de Paris, opposans à la verification desdites Lettres Patentes. Responses aux causes d'opposition desdits Sergens à verge par lesdits Sergens à cheual. Conclusion du Procureur General du Roy: Et tout consideré. LA COVR A ordonné & ordonne, que lesdites Lettres Patentes seront registrées és Registres d'icelle; oüy sur ce le Procureur General du Roy, pour joüyr par les Impetrans de l'effet & contenu en icelles, fors & excepté de la qualité de Priseurs & Vendeurs, laquelle ils ne pourront prendre ny exploiter dans la Ville & Banlieuë de Paris, sans prejudice des droicts attribuez, particulierement à soixante desdits Sergens à cheual. FAIT en Parlement le cinquiéme iour de Septembre, l'an mil cinq cens quatre-vingts-sept. Signé, MEIGNAN.

Extraict des Registres de Parlement.

Iussion.

CE jour, aprés auoir veu par la Cour les Lettres Patentes du Roy en forme de Iussion, données à Paris le douze Septembre dernier, signées par le Roy, PINART: Contenant Mandement à ladite Cour leuer les modifications portées par l'Arrest d'icelle du cinq dudit mois de Septembre, sur l'Edit du mois de Iuillet dernier, contenant attribution de quelques droicts aux Sergens à cheual, & en ce faiſant proceder à la verification pure & ſimple dudit Edit; l'Arreſt dudit iour cinquiéme Septembre, par lequel le ſuſdit Edit auroit eſté verifié, pour joüyr par leſdits Sergens à cheual d'iceluy, fors & excepté de la qualité de Priſeur & Vendeur, laquelle leſdits Sergens à cheual ne pourront prendre ny exploicter dedans la Ville & Banlieuë de Paris, & les pieces jointes à ladite Juſſion par les Sergens à cheual impetrans d'icelle. Concluſions du Procureur General du Roy; la matiere miſe en deliberation. LADITE COVR a declaré qu'elle perſiſte en l'Arreſt par elle donné ledit iour cinq Septembre, interuenu ſur la verification dudit Edit de Iuillet. FAIT en Parlement le ſeiziéme iour de Ianuier, l'an 1588. Signé, DV TILLET.

Extraict des Regiſtres de Parlement.

CE jour, aprés auoir veu par la Cour les Lettres Patentes du Roy en forme de Iuſſion, données à Paris le vingt-deuxiéme Ianuier dernier, ſignées par le Roy, PINART: Contenant Mandement à ladite Cour, proceder à la verification pure & ſimple de l'Edict du mois de Iuillet, dont la copie eſt attachée ſous le contre-ſeel de la Chancellerie, contenant la ſuruiuance & priuilege accordez aux Sergens à cheual au Chaſtelet de Paris, ſelon qu'il eſt plus amplement porté par leſdites Lettres, & autres pieces attachées ſous le contre- 2. Iuſſion.

ſeel de la Chancellerie : Concluſions du Procureur General du Roy ; la matiere miſe en deliberation. LADITE COVR A debouté & deboute les Impetrans de l'effect & contenu eſdites Lettres. FAIT en Parlement le trentiéme iour du mois de Mars mil cinq cens quatre-vingt-huit.

Signé, DV TILLET.

SEntence renduë en la Chambre Ciuile à la Police generale, le Vendredy quatorziéme Février 1603. donnée au profit de la Communauté des Sergens à verge audit Chaſtelet.

Contre les Maiſtres Iurez Paticiers de Paris.

Reglement du 14, Fevrier 1603, contre les Iurez Patiſciers.

Par laquelle deffenſes ſont faites aux Iurez Patiſſiers de faire aucunes ſaiſies ſans eſtre aſſiſtez d'vn Sergent à verge, ainſi qu'il eſt plus au long mentionné par ladite Sentence.

Que les ſix Corps des Marchands, ny tous les Corps des Meſtiers ne peuuent aller en viſite, ſaiſir ny donner aſſignation, s'ils ne ſont aſſiſtez d'vn Sergent à verge.

AVtre Sentence renduë audit Chaſtelet le vingt-troiſiéme Decembre 1624. portant deffenſes aux Iurez de Foin de donner aſſignation aux Desbardeurs, & à eux enjoint de ſe faire aſſiſter d'vn Sergent à verge.

SEntence renduë en la Chambre Criminelle du Chaſtelet de Paris, donnée au profit des anciens Maiſtres de la Communauté des Sergens à verge au Chaſtelet dudit lieu.

Contre Antoine Choiſy & Iean Cheuallier, Sergens à verge audit Chaſtelet.

Par laquelle, ſur les Concluſions de Monſieur le Procureur du Roy, par Deliberation de Conſeil, eſt ordonné que les anciens Maiſtres de ladite Communauté, & ceux en Charge, ſeroient d'oreſnauant deſchargez, & joüyroient de l'exemption du Seruice de la Chambre Criminelle, ainſi que le contient plus au long ladite Sentence.

Reglement du 22. Iuin 1605, portant que les anciens Maiſtres de Cõmunauté sont déchargez du ſeruice de la Chambre Criminelle.

Extraict des Regiſtres de Parlement.

ARreſt de ladite Cour, donné en faueur des Sergens à verge au Chaſtelet de Paris à la Police generale, tenuë en la Chambre Saint Loüis le dix-huitiéme May 1607.

Par lequel eſt ordonné que les Sergens à verge ſeroient exempts & deſchargez de la garde des Portes qui ſe fait par les Bourgeois, attendu les

Arreſt du 18 May 1607, Les Sergens à verge déchargez d'

la garde des Portes, qui se fait par les Bourgeois.

coruées qu'ils font journellement pour le seruice de la Iustice, ainsi que le contient plus au long ledit Arrest. Signé en fin, BAVDESON, Greffier.

SEntence du Chastelet de Paris, renduë entre les Maistres & Gouuerneurs de la Communauté des Sergens à verge, le quatorziéme Aoust 1609.

Reglement du 14. Aoust 1609. pour les Barrieres.

Contre aucuns desdits Sergens à verge, qui pretendoient faire construire vne Barriere.

Par laquelle lesdits Sergens sont deboutez de leurs pretentions, & ordonné qu'ils seroient presentez és Barrieres anciennes par les Maistres de la Communauté, en payant vne somme de deniers, dont moitié seroit employée aux reparations de la Barriere, & l'autre moitié à la volonté des Maistres de ladite Communauté.

SEntence renduë en la Chambre Ciuile au Chastelet de Paris, du deuxiéme Mars 1612.

Reglement du 2. Mars 1612 portant deffences de vendre meubles sans authorité de Iustice.

Par laquelle les meubles saisis sur Ieanne Mallard, femme de Toussaint du Bois, qui exposoit des meubles en vente sur vne table, au bout du Pont Saint Michel, sans permission de Iuges, ny aucun Sergent à verge, sont confisquez au profit de la Communauté,

Communauté, auec deffences à elle & à tous autres de vendre en place publique, ſans eſtre aſſiſtez d'vn Sergent à verge. Signé, DROVART, Greffier.

❧❧❧❧❧❧❧❧❧❧❧❧❧❧❧❧❧❧❧❧❧❧

SEntence en forme de Reglement, renduë en la Chambre Criminelle, à la pourſuite & diligence des Maiſtres & Gouuerneurs de la Communauté des Sergens à verge au Chaſtelet le dixhuitiéme Avril 1618.

Reglement, du 10 Avril pour l'eſlection des Capitaines, Lieutenans & Enſeignes pour la mõtre.

Par laquelle eſt ordonné que tous les Sergens à verge ſe trouueront à l'aduenir en la maniere accouſtumée, le lendemain de la Feſte de Paſques, à neuf heures du matin, en la Salle de Sainte-Croix de la Bretonnerie, pour proceder à l'élection & nomination des Capitaines, Lieutenans & Enſeignes de la Compagnie deſdits Sergens, pour la Monſtre qui ſe fait le lendemain de la Trinité; & à faute d'y comparoir, que l'élection & nomination qui ſera faite par les Maiſtres de Communauté eſtans en Charge, & autres à ce preſens, ſans autre remiſe ny formalité; & ce qui ſera par eux fait & arreſté audit lieu, validera & ſera executé nonobſtant oppoſition ou appellation quelconque.

❧❧❧❧❧❧❧❧❧❧❧❧❧❧❧❧❧❧❧❧❧❧

DEclaration du Roy, donnée en faueur des Huiſſiers à cheual, à verge, fieffez du Chaſtelet de Paris, & autres Huiſſiers, Sergens & Officiers, & Executeurs des Mandemens de Iuſtice, pour le faict & exercice de leurs Charges, chacun en leur Reſſort & Deſtroit, ainſi plus au long porté par ladite Declaration. DONNE' à Paris le dix-huitiéme Iuillet mil ſix cens quinze. LOVIS. Et ſur le reply deſdites Lettres, Par le Roy, DE LOMENIE. Et ſeellé.

Extraict des Regiſtres de Parlement.

ARreſt de ladite Cour, donné au profit de la Communauté des Sergens à verge au Chaſtelet de Paris, le dix-huitiéme Iuillet mil ſix cens quinze.

Contre les Notaires du Chaſtelet de Paris.

Arreſt du 18 Iuillet 1615, portant Reglement cõtre les Notaires au Chaſtelet de Paris.

Par lequel deffences ſont faites aux Notaires dudit Chaſtelet de faire faire ſerment aux Sergens à verge, lors qu'il conuient priſer les biens meubles, faiſans inuentaire par leſdits Sergens, ainſi que le contient plus au long ledit Arreſt.

SEntence en forme de Reglement, rendu en la Chambre Criminelle audit Chaſtelet, interuenuë ſur les Remonſtrances de Monſieur le Procureur du Roy audit Chaſtelet, le ſeptiéme Iuin 1618.

Par laquelle eſt ordonné, que tous les Sergens à verge audit Chaſtelet aſſiſteront par chacun an à la Monſtre auec Armes à eux requiſes : & à eux enjoint d'obeïr aux Maiſtres & Chefs, à peine de priſon & de confiſcation de leurs Armes, faire le tour entier, & ſe rendre à l'iſſuë de ladite Monſtre dans ledit Chaſtelet, à peine de dix liures pariſis d'amende, nonobſtant oppoſition ou appellation quelconque : Ce qui ſera d'oreſnauant entretenu, gardé & obſerué, & meſme affiché pour vne fois ſeulement aux Barrieres, & contre ledit Chaſtelet ; Et neantmoins les Anciens deſdits Sergens qui ont eſté & ſeront cy-aprés Maiſtres & Gouuerneurs de ladite Communauté, ſeront exempts du contenu audit Reglement, du conſentement dudit Procureur du Roy. Signé en fin, LALEMANT.

Reglement pour la Mõstre du 7 Iuin 1618.

Les Anciens Maiſtres de Cõmunaunauté ſont déchargez d'icelle.

Sentence renduë en la Chambre Criminelle, au Chaſtelet de Paris.

A Tous ceux qui ces preſentes Lettres verront Louis Seguier, Cheualier, Baron de Saint Briſſon, Seigneur des Ruaux & de Saint Firmain,

Reglement du 25. Ianuier 1619, contre les Commiſſaires du Chastelet de Paris.

Conseiller du Roy, Gentilhomme ordinaire de sa Chambre & Garde de la Preuosté & Vicomté de Paris, Salut : Sçauoir faisons, qu'aujourd'huy sur la requeste faite en Iugement deuant Nous en la Chambre Ciuile du Chastelet de Paris, par Maistre Michel Guillois Procureur d'Antoine de Creant Sergent à verge, Priseur & Vendeur de biens meubles audit Chastelet; Et Maistre François Noblet, Procureur de Iean Richard Maistre Cordonnier à Paris, creancier pour loyers d'hostel de Pierre Thibault Maistre Chapelier à Paris, & sur luy saisissant & executant par ledit de Creant, faute de payement desdits loyers, lesdits de Creant & Richard, presens en personnes, demandeurs & requerans main-leuée de la saisie faite sur ledit de Creant, le Mercredy seiziéme iour du present mois de Ianuier, d'vn chapeau de Castor qui estoit exposé en vente par ledit de Creant, en la place publique du bout du Pont Saint Michel de cette Ville de Paris, faisant partie des biens executez sur ledit Thibaut à la requeste dudit Richard, à l'encontre de Maistre Claude Hureau Procureur de Maistre Iacques Haslé, Commissaire Examinateur au Chastelet, aussi present en personne, qui a fait ladite saisie & transport d'vn chapeau, assisté de Maistre Alexandre Bouterouë son Aduocat, defendeurs, & Maistre Iean Ruffin Procureur de la Cõmunauté des Sergens à verge, Priseurs, Vendeurs de biens meubles audit Chastelet, les Maistres &

Gouuerneurs d'icelle, aussi presens en personne, assisté de Maistre Claude Chappelier leur Aduocat, interuenans auec ledit de Creant. Parties ouïes en leurs plaidoyers, mesme ledit Hureau oüy, non interuenant, auec ledit Haslé pour la Communauté desdits Commissaires & Examinateurs dudit Chastelet; NOVS DISONS, Que ledit chapeau sera rendu audit de Creant par Iean Prud'homme, auquel il a esté baillé en garde, pour en estre la vente par luy encommencée paracheuée; Et faisant droit sur ladite Communauté des Sergens, Auons fait & faisons inhibitions & deffenses aux Commissaires dudit Chastelet de faire aucune saisie, ains seront faites par lesdits Sergens; sinon en cas que lesdits Sergens à verge soient refusans de faire icelles, & auons donné Lettres à Maistre François Brice aussi Commissaire Examinateur audit Chastelet, present en personne, Syndic de la Communauté desdits Commissaires, de ce qu'il a declaré ladite Communauté des Commissaires n'estre point interuenuë auec ledit Haslé, & n'auoir donné aucune charge audit Hureau d'interuenir pour ladite Communauté, & desauouë l'interuention plaidée par ledit Hureau audit nom. En témoin de ce, Nous auons fait mettre à ces presentes le Seel de ladite Preuosté de Paris: Ce fut fait & donné par Noble homme & sage Maistre Antoine Ferrand Conseiller du Roy, Lieutenant Particulier, Ciuil & Assesseur Criminel de ladite Preuosté, tenant le Siege, le Vendredy vingt-cinquiéme iour de Ianuier mil ſix cens dix-neuf. Ainſi ſigné, DROÜART.

Extraict des Regiſtres de Parlement.

Arreſt de la Cour de Parlement du 5 Iuillet 1619 obtenu par les Sergens à verge, ſeuls Priſeurs, Vendeurs de biens meubles au Chaſtelet de Paris, portant deffenſes aux Sergens à cheual dudit Chaſtelet, & tous autres, de faire aucunes priſées, & ventes de biens meubles en la

LOVIS par la Grace de Dieu, Roy de France & de Nauarre : Au premier des Huiſſiers de noſtre Cour de Parlement, ou autre noſtre Sergent ſur ce requis, Salut : Comme le jour & datte des preſentes ; VEV par noſtredite Cour la Requeſte à elle preſentée par la Communauté des treize-vingts Sergens à verge Priſeurs, Vendeurs de biens-meubles au Chaſtelet, Ville, Faux-bourgs, Banlieuë, Preuoſté & Vicomté de Paris; Contenant, Que par les Edicts de leur creation, Lettres Patentes & Priuileges octroyez en conſequence, à eux eſt attribué la fonction de faire toutes priſées, ventes, lots & partages de biens-meubles, en & au dedans deſdites Ville, Faux-bourgs, Banlieuë, Preuoſté, & Vicomté de Paris, priuatiuement & à l'exclusion de tous autres Huissiers & Sergens : Occasion pourquoy furent cydeuant créez & érigez les Sergens à Cheual dudit Chastelet, pour resider & exercer leurs Offices par les Villes & Bailliages de ce Royaume, horsmis esdites Ville, Faux-bourgs, Banlieuë, Preuosté & Vicomté de Paris ; desquels Priuileges les Supplians auroient toûjours joüy & esté maintenus en iceux par plusieurs autres Edicts & Lettres de confirmation, verifiées en ladite Cour jusques en l'année 1556. que le Roy Henry II. par son Edict crea des Maistres Priseurs, Vendeurs de biens-meubles par toutes les Villes & Bourgades de ce Royaume ; lequel Edict aprés Remonstrances faites par la Cour audit Seigneur Roy, auroit esté moderé, & verifié en l'année cinquante-sept, & suiuant iceluy fut estably en ladite Ville, Faux-bourgs, Banlieuë, Preuosté & Vicomté quarante Maistres Priseurs, Vendeurs de biens-meubles, moyennant douze cens liures de Finance chacun, nonobstant laquelle verification, lesdits Supplians ayant empesché lesdits quarante Priseurs, Vendeurs en l'exercice de leursdits Offices, seroit interuenu Arrest de nostredite Cour le dix-neufiéme Mars 1559. par lequel fut permis aux Supplians (ce requerant nostre Procureur General) de proceder aux ventes de biens-meubles, comme ils faisoient par ledit Edict ; sur ce lesdits quarante Maistres, Priseurs, Vendeurs, se seroient pourueus en nostre Conseil Priué, où ils firent appeller les Sup-

Villes & Ban-lieuë de Paris, à peine de nullité.

plians, & aprés plusieurs poursuites & Remonstrances faites audit Seigneur de la part des Supplians; Par autre Edict de 1575. verifié en nostredite Cour le septiéme Septembre ensuiuant, auroit esté ordonné que les vnze-vingts Sergens à verge dudit Chastelet, & lesdits quarante Maistres Priseurs, Vendeurs, pourroient faire indifferemment tous Exploicts appartenans à l'Office de Priseur-Vendeur de biens-meubles; & à cét effet lesdits deux Corps & Communautez auroient esté joints, vnis & incorporez ensemble, pour exercer lesdits Offices, & en joüyr aux droicts, charges & conditions à plein mentionnées audit Edit; depuis laquelle réünion, & en l'année quatre-vingts-quatre, le Roy lors regnant, par Edict verifié en nostredite Cour, le vingtiéme dudit mois auroit reuoqué, esteint & supprimé tous les Edicts nouuellement faits & Offices y contenus, entr'autres le susdit Edict de cinquante-six, portant creation desdits Maistres Priseurs-Vendeurs: Et par autre Edict de l'année quatre-vingts-sept, les auroit restablis & tiré desdits quarante Sergens la somme de quarante mil liures: De quoy lesdits Sergens à Cheual aduertis au mois de Iuillet quatre-vingt-sept, auroient obtenu vn Edict, portant entr'autres choses pouuoir de faire tous Exploits, Actes de Iustice, Prisées & Ventes de biens meubles en ladite Ville & Banlieuë de Paris, & par tout ailleurs; Lequel Edict ayant esté presenté à ladite Cour, y fut refusé, & enfin verifié

auec

auec modification & restrinction, pour joüyr d'iceluy par lesdits Sergens à cheual, fors & excepté la qualité de Priseurs, Vendeurs, laquelle ils ne pourroient prendre ny mesme exploiter en la Ville & Banlieuë de Paris: Or en l'année 1599. le feu Roy par ses Lettres Patentes verifiées le quinziéme Ianuier 1600. auroit confirmé les Priuileges & Droicts attribuez aux Supplians, & d'abondant restably les quarante Offices de Sergens Priseurs Vendeurs, & encore tiré d'eux autres quarante mil liures: Et combien que ces sommes soient excessiues pour le peu de profit que les Supplians reçoiuent desdites Prisées & Ventes. Neantmoins lesdits Sergens à cheual continuant leurs entreprises, auroient le quinziéme Mars & douziéme Iuillet six cens douze, presenté Requeste à nostre Conseil Priué, aux fins de joüyr par eux de ladite Charge & fonction de Priseur-Vendeur de biens, ainsi que les Supplians, moyennant quelque finance qu'ils offroient payer à sa Majesté, dont les Supplians aduertis empescherent l'effet de ladite Requeste. Et par l'Arrest du vingt-quatriéme Ianuier 1613. les parties auroient esté renuoyées en nostredite Cour: En execution duquel Arrest lesdits Supplians y auroient fait plusieurs poursuites & procedures à l'encontre desdits Sergens à cheual, lesquels méprisans l'authorité de nostredite Cour, se seroient au mois de Mars 1618. derechef pourueus audit Priué Conseil, & presenté autre nouuelle Requeste, contenant semblables offres que les precedentes, sur laquelle ils pretendent auoir obtenu Arrest le quinziéme Octobre audit an, par lequel leur est permis faire Prisées & Ventes de biens-meubles en ladite Ville, Banlieuë, Preuosté & Vicomté de Paris, non seulement eux, mais tous les autres Huissiers & Sergens de ce Royaume, ce qui ne s'est pû faire au prejudice des priuileges desdits Supplians, & s'il n'y a Edict deuëment verifié en ladite Cour; joint que si telle entreprise auoit lieu, lesdits Supplians seroient entierement ruïnez, n'ayant autre reuenu que le peu démolument qu'ils reçoiuent desdites Prisées & Ventes à eux attribuez dés leur creation; en consequence des grandes charges & coruées qu'ils supportent journellement en la fonction de leurs Offices, pendant que lesdits Sergens à cheual font leur profit particulier. A CES CAVSES, requeroient lesdits Supplians, estre ordonné qu'ils seront maintenus & gardez en leurs priuileges, & pouuoir de faire eux seuls toutes Prisées, Ventes, Lots, & Partages de biens-meubles en ladite Ville, Faux-bourgs, Banlieuë, Preuosté, & Vicomté de Paris, à l'exclusion tant desdits Sergens à cheual, que de tous autres Huissiers & Sergens, ausquels deffences soient faites de s'y entremettre en quelque sorte & maniere que ce soit, à peine de deux mil liures d'amende, & de prison, nullité, despens, dommages & interests, nonobstant ledit pretendu Arrest du Conseil du quinziéme Octobre, & autres qui pourroient auoir esté donnez en consequence, & à tous Notaires & Greffiers de faire aucuns inuentaires de meubles, auec autres que lesdits Supplians, sur les mesmes peines; le tout sans se départir par iceux Supplians des Conclusions qu'ils ont prises par la Requeste presentée à ladite Cour le quinziéme May dernier, & sans aucunement prejudicier à icelle. VEV aussi lesdits Edicts, Lettres Patentes, Confirmations de Priuileges & Arrests de verification. Autres Arrests, tant de ladite Cour, que de nostre Conseil, mesme ledit Arrest de renuoy, & pieces attachées à ladite Requeste. Conclusions de nostre Procureur General: Et tout consideré. NOSTREDITE COVR A ordonnné & ordonne, Que les Supplians auront Commission pour faire appeller en icelle lesdits Sergens à cheual & autres qu'il appartiendra, aux fins de ladite Requeste: Et cependant ordonne, que les Arrests de nostredite Cour des cinquiéme Septembre mil cinq cens quatre-vingts-sept, seiziéme Ianuier, & dernier Mars mil cinq cens quatre-vingts-huit, seront executez, & en consequence d'iceux leur a fait & fait inhibitions & deffenses de faire aucunes Prisées & Ventes de biens meubles en la Ville & Banlieuë de Paris, à peine de nullité. SI TE MANDONS à la requeste desdits Supplians, mettre le present Arrest à deuë & entiere execution selon sa forme & teneur, contraignant à ce faire & souffrir ceux qu'il appartiendra par toutes voyes deuës & raisonnables; De ce faire te donnons pouuoir. DONNE' à Paris en nostre Parlement le cinquiéme Iuillet, l'an de grace, mil six cens dix-neuf, & de nostre regne le dixiéme. Signé par la Chambre, GALLARD.

Extraict des Registres de Parlement.

Reglement du 30. Decembre 1619 contre les Sergens à cheual, pour raison des ventes de meubles: Et les Notai- pour la confection des Inuentaires.

VEu par la Cour la Requeste à elle presentée par la Communauté des treize vingts Sergens à verge, Priseurs, Vendeurs de biens meubles au Chastelet, Ville, Faux-bourgs, Ban-lieuë, Prouosté & Vicomté de Paris; Par laquelle, attendu que depuis six cens ans & plus, ils sont en possession de faire eux seuls toutes prisées, ventes, lots & partages de biens meubles en ladite Ville, Ban-lieuë, Preuosté & Vicomté de Paris, ainsi qu'il est iustifié par plusieurs Edits, Declarations & Arrests de ladite Cour: Qu'ils tiennent lesdites prisées, ventes, lots & partages à titre onereux, & pour recompense de seruices au lieu des gages qu'il leur conuiendroit pour les corvées qu'ils font iournellement au faict de la Police. Que les Rois ont tiré de finance des Supplians par trois diuerses fois la somme de six-vingts huit mil liures , pour raison desdites prisées & ventes seulement. Et que par Arrests de ladite Cour des cinquiéme Septembre quatre vingt sept, seiziéme Ianuier & dernier Mars quatre vingt huit , & cinquiéme Iuillet six cens dix-neuf, Deffenses ont esté faites aux Sergens à cheual d'exploiter, priser & vendre en ladite Ville & Banlieuë de Paris : Ce neantmoins au prejudice desdits Arrests, & de l'Arrest du Conseil du vingt-quatriéme Ianuier six cens treize,portant renuoy en ladite Cour du differend des parties. Lesdits Sergens à cheual se sont derechef pourveus audit Conseil, & sur Requestes obtenu Arrests des quinziéme Octobre six cens dix-huit, dixiéme Iuillet, & dix-septiéme Aoust six cens dix-neuf, par lesquels deffenses sont faites d'executer les Arrests de ladite Cour : au lieu de se pourvoir par Requeste ciuile, ou proposition d'erreur, suiuant les Ordonnances. Et d'ailleurs que l'Edit en vertu duquel lesdits Sergens à cheual pretendent pouuoir estre Priseurs Vendeurs, est supprimé par l'Edit du mois de Iuillet six cens dix. Requeroient lesdits Supplians, conformément aux Chartres, Edits, Declarations & Arrests de ladite Cour sus dattez estre ordonné qu'ils seront maintenus & gardez en leurs droits & priuileges, De faire eux seuls toutes prisées,ventes,lots & partages de biens meubles en ladite Ville, Faux-bourgs , Banlieuë, Preuosté & Vicomté de Paris ; Que Iteratiues inhibitions & deffenses soient faites ausdits Sergens à cheual & tous autres Huissiers & Sergens de faire aucunes prisées, ventes, lots & partages de biens meubles en ladite Ville, Faux-bourgs, Banlieuë, Preuosté & Vicomté, à peine de faux, & de deux mil liures d'amende, payable par les contreuenans sans deport, par emprisonnement de leurs personnes, & dont executoire seroit decerné au Procureur general, pour employer aux pauvres Enfermez : Attendu mesme que par les Edits de la creation desdits Sergens à cheual, il leur est expressement deffendu de resider ny exploiter en la Ville & Banlieuë de Paris. Que deffenses soient faites aux Notaires dudit Chastelet de proceder à la confection des inventaires des biens meubles sous la prisée d'aucun desdits Sergens à cheual, à peine de cinq cens liures d'amende en leurs priuez noms, & de faux. A eux enjoint de vaquer à la confection desdits Inuentaires auec lesdits Supplians seuls. Que les deffenses portées par ledit Arrest du Conseil du dix-septiéme Aoust dernier, soient leuées & ostées, & les Supplians déchargez de la peine de mil livres contenuës en iceluy. Que deffenses soient pareillement faites ausdits Sergens à cheual de se pouruoir pour raison de ce ailleurs qu'en ladite Cour, à peine de prison, despens, dommages & interests, & de trois mil livres d'amende. Et que l'Arrest qui interuiendra soit leu & publié au Chastelet de Paris, l'Audience tenant, à ce que personne n'en pretende cause d'ignorance. Veu aussi lesdits Edits, Lettres patentes, confirmations de Priuileges, Arrests de verification. Autres Arrests tant de ladite Cour, que du Conseil sus dattez, & pieces attachées à ladite Requeste. Conclusions du Procureur general du Roy; Et tout consideré, LADITE COVR a ordonné & ordonne, Que les Arrests d'icelle cy-dessus dattez, seront executez selon leur forme & teneur. FAIT iteratiues inhibitions & deffenses ausdits Sergens à cheual, & autres qu'il appartiendra, de faire aucunes prisées & ventes de biens meubles en la Ville & Banlieuë de Paris. Comme aussi fait deffenses aux Notaires du Chastelet proceder à la confection d'aucuns inuentaires, auec autres Sergens que lesdits Supplians: Mesmes aux parties de se pourvoir, ny faire poursuites pour raison de ce ailleurs qu'en ladite Cour, à peine de trois mil livres d'amende; de laquelle, en cas de nouuelle contrauention, sera delivré executoire au Procureur general du Roy, payable sans deport. FAIT en Parlement le trentiéme iour de Decembre, l'an mil six cens dix-neuf. Signé, GALLARD.

Extraict des Registres de Parlement.

Reglement du 7. Mars 1620, contre les Sergens à cheual, pour la vente des meubles.

VEV par la Cour la Requeste à elle presentée par la Communauté des treize-vingts Sergens à verge Priseurs, Vendeurs de biens meubles au Chastelet, Ville, Faux-bourgs, Banlieuë, Preuosté & Vicomté de Paris: Contenant, qu'au prejudice de plusieurs Arrests de la Cour, & notamment de celuy du trentiéme Decembre dernier, Par lequel entr'autres choses, iteratiues deffenses auroient esté faites aux Sergens à cheual de faire aucunes Prisées & Ventes de biens-meubles en la Ville & Banlieuë de Paris, & aux parties de se pouruoir ny faire poursuites pour raison de ce, ailleurs qu'en ladite Cour, à peine de trois mil liures d'amende, de laquelle seroit déliuré executoire au Procureur General: Ce neantmoins Canto, l'vn desdits Sergens à cheual, par mépris & contrauention audit Arrest s'est n'aguere pourueu au Conseil du Roy, y a presenté Requeste & fait assigner André Maurice le dixiéme Ianuier dernier, pour se voir condamner à representer certains meubles par luy cy-deuant saisis, & qui auoient esté exposez en vente par ledit Canto. A CES CAVSES, & attendu que ledit Maurice a fait ladite saisie à la reque-

ste

ste de ladite Communauté, & en consequence des Arrests de ladite Cour, requeroient lesdit Supplians, qu'il pleust à ladite Cour leur donner acte de ce qu'ils preignent le faict & cause pour ledit Maurice, qu'il soit deschargé de l'assignation à luy donnée audit Conseil, & deffences faites audit Canto d'y faire poursuites, ains en ladite Cour, à peine de nullité des procedures, & de six mil liures d'amende, & que pour s'estre pourueu audit Conseil, executoire soit déliuré au Procureur General à l'encontre dudit Canto de la somme de trois mil liures d'amende portée par ledit Arrest du trente Decembre, payable, sans deport, pour estre employée à la nourriture des pauvres Enfermez de cettedite Ville. Veu aussi lesdits Arrests, Exploits de signification d'iceux, Copie de la Requeste presentée audit Conseil. Exploit d'assignation & pieces attachées à ladite Requeste. Conclusion du Procureur General du Roy; Et tout consideré: LADITE COVR, en consequence des Arrests d'icelle, cy-dessus dattez, a fait inhibitions & deffenses audit Canto de se pourvoir, ny faire poursuite pour raison du differend des parties ailleurs qu'en ladite Cour, à peine de nullité, & de tout despens, dommages & interests; & pour la contrauention par ledit Canto faite audit Arrest du trente Decembre, le condamne en l'amende de trois mil liures, de laquelle sera déliuré executoire au Procureur General du Roy. FAIT en Parlement le septiéme iour de Mars mil six cens vingt. Signé, GALLARD.

Extraict des Registres de Parlement.

ARrest de la Cour, donné en faueur des Sergens à verge au Chastelet de Paris, le vingt-quatriéme Octobre 1620.

Entre les Commissaires, Notaires & Greffiers du Chastelet de Paris.

Reglement du 24 Octobre 1620. Entre les Commissaires, Notaires & Gref-

Par lequel deffences sont faites aux Commissaires, Notaires & Greffiers du Chastelet de Paris, d'adresser leurs Ordonnances & Commissions à autres qu'aux Sergens à verge, ainsi qu'il est plus au long porté par ledit Arreſt. Signé, DROVART, Greffier.

fiers du Chaſtelet, & les Sergens à verge.

Extraict des Regiſtres du Conſeil d'Eſtat.

VEu par le Roy en ſon Conſeil, les offres faites en iceluy par la Communauté des Sergens à verge, Priſeurs Vendeurs de biens meubles en la Ville, Faux-bourgs & Banlieuë de Paris, Qu'en reuoquant par ſa Majeſté l'Edict du mois d'Avril quatre vingts quinze, par lequel la faculté de priſer & vendre biens meubles, eſt vnie & incorporée aux Offices des Sergens à cheual du Chaſtelet de Paris, enſemble de l'Arreſt du Conſeil du quinze Octobre 1618. & autres donnez en conſequence d'iceluy, par leſquels leſdits Sergens à cheual ſont maintenus en la fonction de Priſeurs Vendeurs de biens meubles en la Ville, Faux-bourgs & Banlieuë de Paris, ils conſentent que vingt-cinq Offices de Sergens à verge ſupprimez par mort ſoient reſtablis pour les deniers qui prouiendront de la vente deſdits Offices, rembourſer les Sergens à cheual de la finance par eux payée pour l'attribution, à la charge que leſdits Offices demeureront ſupprimez, vacation aduenant ou forfaiture, iuſques à ce qu'ils ſoient reduits à l'ancien nombre d'onze vingts, ſuiuant les Edits, & qu'eux ſeuls feront toutes priſées & ventes, lots

Arreſt du Conſeil d'Eſtat du 23. Ianuier 1621 portant Reglement cõtre les Sergens à cheual.

& partages de biens meubles en ladite Ville, Faux-bourgs & Ban-lieuë de Paris, & deffenses ausdits Sergens à cheual de les troubler ny empescher, ny s'entremettre à faire lesdites prisées & ventes en ladite Ville, Faux-bourgs & Banlieuë de Paris. Autres offres desdits Huissiers & Sergens à cheual: Qu'en les maintenant en la qualité & fonction de Priseurs Vendeurs de biens meubles en ladite Ville, Faux-bourgs & Banlieuë de Paris, & par tout ailleurs, suiuant ledit Edit de quatre-vingts-quinze, & rejetter les offres desdits Sergens à verge, ils consentent que trente Offices d'Huissiers Sergens à cheual suprimez, soient restablis au profit de sa Majesté, à la charge de supression, vacation aduenant par mort ou forfaiture, iusques à ce qu'ils soient reduits au nombre ancien. Arrest du Conseil du vingt-septiéme iour de Iuin 1620. par lequel auroit esté ordonné que lesdits Sergens à verge & à cheual, mettroient lesdits Offices auec les pieces, dont ils s'entendoient aider, és mains des sieurs de Vic & Daligre Conseillers audit Conseil, que sa Majesté auroit commis à cette fin, pour sur leur rapport estre ordonné ce que de raison. Edit de creation des Offices de Priseurs Vendeurs de biens meubles par toutes les Villes, Bourgs & Bourgades, auec deffenses aux Frippiers, Huissiers & Sergens de plus entreprendre à faire lesdites prisées & ventes, du mois de Fevrier 1556. Arrest de la Cour de Parlement de Paris, des dix-neufiéme Mars 1559. & troisiéme Mars 1554. par lesquels sur les appellations interjettées par lesdits Sergens à verge du refus de les receuoir opposans à la publication dudit Edit, les parties auroient esté appointées au Conseil; Et cependant permis ausdits Sergens à verge proceder aux prisées & ventes de biens qui se feroient en ladite Ville de Paris, concuramment auec lesdits Priseurs, selon qu'ils en seroient respectiuement requis. Autre Arrest de ladite Cour du septiéme Mars 1572. Arrest du Conseil Priué du seiziéme Iuillet 1575. par lequel du consentement des parties, sans tirer à consequence, ny prejudicier audit Edict de creation desdits Offices de Priseurs vendeurs de biens. Pour le regard des autres villes & lieux hors de Paris, auroit esté ordonné que tant les vnze-vingts Sergens à verge du Chastelet, que quarante Maistres Priseurs vendeurs de biens meubles de Paris, créez suiuant l'Edict, pourroient indifferemment faire tous Exploits appartenans à l'Office de Sergent Priseur vendeur, & à cét effect vny & incorporé lesdits deux Corps & Communautez desdits vnze-vingts Sergens & quarante Maistres Priseurs vendeurs, pour faire ensemble treize-vingts Sergens Priseurs vendeurs. Lettres Patentes d'vnion & incorporation desdits deux Corps, du mois de Iuillet audit an. Arrest de ladite Cour, de verification desdites Lettres, du troisiéme Septembre audit an. Autres Lettres de pareille vnion desdits Offices de Priseurs vendeurs aux Offices de Sergens Royaux par toutes les Villes, Bourgs &

Bourgades, du mois de Mars 1576. Arrest du Conseil du dixiéme Ianuier 1587. par lequel lesdits Sergens à verge auroient esté maintenus en leurs anciens Priuileges, suiuant les Arrests de ladite Cour. Autre Arrest dudit Conseil du vingt-trois Fevrier audit an, par lequel auroit esté ordonné que ledit restablissement des Offices de Sergens supprimez tiendront nonobstant l'opposition desdits Sergens à verge, lesquels en ce faisant, joüyroient du pouuoir à eux accordé suiuant leurs Priuileges & Arrests de ladite Cour; & deffences à tous Huissiers & Sergens autres que ceux dudit Chastelet, d'exploiter du seel du Preuost de Paris, priser & vendre dans la Ville, Faux-bourgs & Banlieuë de Paris. Lettres de confirmation des Priuileges octroyez ausdits Sergens à verge Priseurs Vendeurs dudit Chastelet, du vingt-sixiéme Avril audit an. Autres Lettres de confirmation desdits Priuileges, mesme de faire eux seuls toutes prisées & ventes, du mois de Septembre 1599. Arrest de ladite Cour de verification desdites Lettres du quinziéme Ianuier 1600. Edict du mois de Iuillet 1587. par lequel auroit esté accordé ausdits Sergens à cheual dudit Chastelet la suruiuance de leurs Offices, & permis de faire tous Exploicts & Actes de Iustice, prisées & ventes de biens meubles en la Ville & Banlieuë de Paris, ainsi que les autres Huissiers Priseurs Vendeurs. Arrest de ladite Cour du cinquiéme Septembre audit an, par lequel ledit Edict auroit esté verifié, à la charge que lesdits

Sergens à cheual ne pourroient faire prisées & ventes de biens meubles en la Ville & Banlieuë de Paris. Arrests de ladite Cour des seiziéme Ianuier & trentiéme Mars 1588. par lequel lesdits Sergens à cheual auroient esté deboutez des Lettres de Iussion par eux obtenuës, pour faire leuer ladite modification. Arrest du Conseil du vingtiéme Avril 1594. par lequel auroit esté ordonné que les Lettres de Prouisions qui seroient expediées ausdits Sergens à verge Priseurs Vendeurs de biens-meubles, ainsi que suiuant les Edicts sur ce faits. Ledit Edict du mois d'Avril 1595. par lequel auroit esté accordé, que tant les Huissiers à verge Priseurs Vendeurs, que Sergens à cheual dudit Chastelet pourroient d'oresnauant faire tous Exploits appartenans à l'Office de Priseur Vendeur de biens, & à cét effet vny & incorporé à leursdits Offices d'Huissiers celuy de Maistre Priseur Vendeur, qu'entant que besoin seroit, Sa Majesté auroit creé & erigé pour en joüyr par eux tout ainsi que lesdits Sergens à verge Priseurs Vendeurs, pour laquelle attribution & puissance, ils seroient tenus prendre Lettres de Prouision, & payer finance selon la taxe qui en seroit faite dans trois mois apres la publication dudit Edict passez, lesquels n'y seroient plus receus, ains demeureront excluds [illegible] ladite grace & attribution. Arrest de ladite Cour du vingtiéme May 1597. & verification dudit Edit. Ledit Arrest du Conseil du quinziéme Octobre 1618. par lequel auroit esté ordonné que ledit Edit feroit executé ſelon ſa forme & teneur ; & conformement à iceluy, Que leſdits Huiſſiers & Sergens à cheual dudit Chaſtelet, & tous autres Sergens Royaux, feroient d'oreſnauant tous Exploits appartenans à l'Office de Priſeur Vendeur de biens ; & à cét effet ledit Office de Maiſtre Priſeur Vendeur de biens demeureroit vny & incorporé auſdits Offices d'Huiſſiers & Sergens, en payant iceux finances ſuiuant la taxe qui en ſeroit faite. Rolle de ladite taxe du quinziéme Nouembre audit an. Autre Arreſt du Conſeil du ſixiéme Mars 1619. par lequel auroit eſté ordonné que leſdits Huiſſiers Sergens à cheual joüyroient de ladite fonction de Maiſtres Priſeurs Vendeurs de biens en la Ville & Faux-bourgs de Paris, & par tout ailleurs, en payant par eux la ſomme à laquelle ils auroient eſté taxez, pour joüyr de ladite attribution. Copie de Quittance du Treſorier des Parties Caſuelles à Guillaume Iourdain, Henry de la Barre, Marin Pierre & autres Huiſſiers à cheual de la ſomme de cent liures chacun, pour joüyr de ladite attribution. Arreſt dudit Conſeil des dixiéme Iuillet, trois & dix-ſeptiéme Aouſt 1619. par leſquels leſdits Huiſſiers qui auoient financé pour ladite attribution auroient eſté maintenus en ladite joüyſſance d'icelle, & fait deffences auſdits Sergens à verge de les troubler, & à ladite Cour de Parlement & Preuoſt de Paris, de prendre aucune connoiſſance de l'execution deſdits Arreſts. Lettres d'éuocation au Conſeil du differend deſdites parties

ties du vingt-neuf Ianuier 1620. Arrest du Conseil du septiéme Iuin 1605. par lequel, du consentement desdits Sergens à verge, Sa Majesté auroit restably quarante Offices de Sergens à verge, Priseurs Vendeurs de biens supprimez, & ordonné qu'ils seroient conseruez en la joüyssance de leursdits Offices de Sergens à verge Priseurs Vendeurs de biens en ladite Ville, Preuosté & Vicomté de Paris. Edit de creation de quatre-vingts Offices des Sergens à cheual, outre le nombre d'vnze-vingts establis, du mois de Iuin 1599. Copie des Lettres de Prouision à Iacques Lambert de l'Office d'Huissier Sergent à cheual, Priseur Vendeur de biens, du quinziéme Ianuier 1620. Sentence du Preuost de Paris, ou son Lieutenant du six Mars audit an, de reception dudit Lambert audit Office. Autres Sentences du Preuost de Paris des vingt-deuxiéme Mars 1585. dix-septiéme Septembre 1586. dix-neufiéme Decembre 1590. dix-sept Septembre 1611. & vingtiéme Iuin 1619. Procez verbal des nommez Canto & le Sourd Sergent à cheual, du huictiéme Decembre audit an. Autre procez verbal de saisie par André Maurice Sergent à verge, dudit iour & an. Arrest de ladite Cour de Parlement du trente desdits mois & an, par lequel auroit esté ordonné que les Arrests de ladite Cour seroient executez, & fait iteratiues deffenses ausdits Sergens à cheual de faire aucunes prisées & ventes de biens meubles en ladite Ville & Banlieuë de Paris. Autres Lettres & Arrests de ladite Cour des septiéme Iuin & premier Fevrier 553. sept Mars 563. quatre Mars 600. cinq Iuillet 619. Arrest du Conseil du vingt-vn Mars 595. par lequel auroit esté ordonné que les Offices d'Huissiers Sergens à verge du Chastelet de Paris seroient reduits au nombre ausquels ils estoient le premier May 588. Autre Arrest du Conseil du vingt-sept Mars 620. par lequel auroit esté ordonné qu'il seroit pourueu à trente Offices d'Huissiers Sergens à cheual audit Chastelet de Paris, vaccant par mort, auec la qualité, pouuoir & fonction de Maistre Priseur Vendeur de biens. Autre Arrest dudit Conseil du quatorze Ianuier 613. & tout ce que par lesdits Sergens à cheual & à verge a esté mis & produit pardeuers lesdits Commissaires : Oüy leurs rapports. LE ROY EN SON CONSEIL, sans s'arrester ausdits Arrests des quinze Octobre six cens dix-huit, dixiéme Iuillet, trois & dix-septiéme Aoust six cens dix-neuf, & offre desdits Sergens à cheual, ayant égard aux offres desdits Sergens à verge; A restably & restablit lesdits vingt-cinq Offices de Sergens à verge Priseurs Vendeurs à present vaccans par mort & supprimez; A ordonné & ordonne qu'il sera pourueu ausdits Offices de personnes capables, en payant par lesdits Sergens à verge és mains du Tresorier des Parties Casuelles la somme de seize mil liures, à laquelle sa Majesté a taxé & moderé la finance desdits

Offices, & à ces fins ſera tenu ledit Treſorier des Parties Caſuelles mettre és mains des Procureurs & Syndic de la Communauté deſdits Sergens à verge ſes Quittances, juſques à la concurrence de ladite ſomme, pour ſur icelles eſtre les Prouiſions deſdits Offices expediées ainſi qu'il appartiendra, à la charge que leſdits Offices venans à vaquer par mort ou forfaiture, ils demeureront ſupprimez juſqu'à ce qu'ils ſoient reduits au nombre ancien: A ordonné & ordonne que leſdits Sergens à verge pourront ſeuls faire les priſées & ventes de biens meubles en ladite Ville, Faux-bourgs & Banlieuë de Paris, ainſi qu'ils ont accouſtumé: A ſa Majeſté fait deffenſes auſdits Sergens à cheual & tous autres de les troubler ny s'entremettre à faire leſdites Priſées & Ventes en ladite Ville, Faux-bourgs & Banlieuë de Paris, à peine d'amende arbitraire, deſpens, dommages & intereſts, ſans prejudice de l'execution dudit Edit & Arreſt, en autres lieux que ladite Ville, Faux-bourgs & Banlieuë. Ordonne ſa Majeſté que leſdits Sergens à cheual ſeront rembourſez par ledit Treſorier des Parties Caſuelles ſur ladite ſomme de ſeize mil liures de la Finance par eux actuellement payée, pour joüyr de ladite attribution de Priſeurs Vendeurs en ladite Ville, Faux-bourgs & Banlieuë de Paris, lequel en ce faiſant en demeurera bien & valablement quitte & déchargé. FAIT au Conſeil du Roy; tenu à Paris le vingt-troisiéme iour de Ianuier mil six cens vingt-vn. Signé, MALLIER.

Extraict des Registres du Conseil Priué du Roy.

Arrest du Conseil Priué du Roy, du 24. Avril 1621. portant deffenses à tous Huissiers & Sergens, autres que les Huissiers Sergens à cheual & Sergens à verge au Chastelet de Paris, d'exploiter à l'auenir le scellé dud Chastelet, & d'executer aucuns Sen-

ENtre Iean Merbouton Huissier Audiancier au Grenier à Sel de Verneüil, demandeur en Requeste du vingt-neuf Ianuier 1620. d'vne part: Et la Communauté des Huissiers Sergens à cheual au Chastelet de Paris, deffendeurs d'autre: Et Iacques Flamant Hostelier à Paris, aussi deffendeur d'autre part. VEV au Conseil ladite Requeste, tendante à ce que le demandeur soit tenu pour bien releué en son appel d'vne Ordonnance du Lieutenant Criminel du Chastelet de Paris, du vingt-vn dudit mois de Ianuier mil six cens vingt, par laquelle il auroit enuoyé le demandeur prisonnier pour y faire droict, & voir declarer ladite Ordonnance nulle, ledit emprisonnement injurieux &

tortionnaire, & l'écrouë rayé & biffé des Registres de la Geolle du Grand Chastelet, ledit Lieutenant, ensemble les nommez Costantin, Guyon Sergens, ses complices, & ledit Flamant, & Maistres de la Communauté des Huissiers Sergens à cheual condamnez solidairement, ou l'vn d'eux seul pour le tout, en deux mil liures d'amende, despens, dommages & interests, ordonné qu'ils seront adjournez à comparoir en personnes au Conseil, auec deffenses à tous autres Iuges d'en prendre connoissance, & ausdits Sergens & tous autres de troubler à l'aduenir ledit demandeur en sa Charge; & cependant qu'il sera eslargy desdites prisons. Arrest du Conseil interuenu sur ladite Requeste dudit vingt-neuf Ianuier 1620. par lequel est ordonné que ladite Communauté d'Huissiers Sergens à cheual dudit Chastelet de Paris, & autres qu'il appartiendra, seront assignez en iceluy aux fins de ladite Requeste, pour parties oüyes pardeuant le Commissaire à ce deputé, leur estre fait droict ainsi que de raison; & cependant que ledit demandeur sera eslargy des prisons du Chastelet, pourueu qu'il ne soit arresté que pour le faict de sa Charge, & ce qui est mentionné en ladite Requeste. Exploict de signification du premier Feurier 1620. & assignation donnée à ladite Communauté des Huissiers Sergens à cheual dudit Chastelet, & audit Flamant, en vertu dudit Arrest. Edit du mois de Septembre 1587. de creation de deux Huissiers Audianciers en chacun Siege, par-

tences, Cōmissions ou Arrests des autres Cours Souueraines & Iurisdictions du Royaume dans la ville de Paris, sur les peines y contenuës.

ticuliers & ſubalternes, des Bailliages, Seneſchauſſées, Preuoſtez, & autres Iuriſdictions Royales de ce Royaume, auec pouuoir d'exploiter par tout cedit Royaume. Copie de Quittance de finances & marcq d'or dudit Office, payées par ledit demandeur, du troiſiéme Decembre 1619. Lettres de Prouiſion dudit demandeur dudit Office d'Huiſſier Audiancier au Grenier à Sel de Verneüil, portant permiſſion d'exploiter par tout le Royaume de France. Actes de reception dudit demandeur audit Office, des ſeize Decembre 1609 & quinziéme Ianuier 1610. Arreſt du Conſeil du vingt-ſeptiéme Avril 1611. donné ſur la Requeſte dudit demandeur, contenant que les nommez Miart & Maucorps Sergens en la Vicomté dudit Verneüil, & autres qu'il appartiendra, ſeroient aſſignez en iceluy, & cependant qu'iceluy demandeur ſeroit eſlargy des priſons où il eſt détenu; pourveu qu'il ne ſoit arreſté que pour le faict de ſa charge, & ce qui eſt mentionné en ſadite Requeſte. Commiſſion ſur iceluy dudit iour. Exploict du trentiéme May 1611. d'aſſignation donnée enſuite deſdits Arreſts & Commiſſion auſdits Miard & Maucorps. Copie d'autres Arreſts dudit Conſeil, du vingt-trois Decembre enſuiuant, donné entre ledit demandeur, & iceux Miard & Maucorps, par lequel entr'autres choſes, eſt ordonné, qu'iceluy demandeur joüira de ſondit Office, ſuiuant & conformément à ſes Lettres de Prouiſion & acte de reception; & deffenſes faites audit Miart & Maucorps, & tous autres, de le troubler & empescher en l'exercice d'iceluy, à peine de tous despens, dommages & interests; ledit escroüe d'emprisonnement fait de la personne dudit demandeur, du vingt-vn Ianvier 1620. en execution de ladite Ordonnance dudit Lieutenant Criminel. Sentence d'iceluy Lieutenant Criminel, du vingt-quatre dudit mois de Ianuier audit an 1620. par laquelle l'assignation donnée par ledit demandeur audit Flamant à la requeste de la Dame Deschauffou, au Parlement de Rouën, en vertu de la Commission d'iceluy, & Pareatis du grand Seau, est reuoquée, auec deffenses à ladite Dame Deschauffou, de la poursuiure ailleurs qu'au Chastelet, à peine de quatre cens liures parisis d'amende, ledit demandeur condamné en l'amende, & deffenses de plus exploiter audit Paris, à peine de faux. Arrest du Conseil d'Estat du seize Septembre 1591, portant Reglement des charges de Sergens au Grenier à Sel de Ponthieu, & les Sergens Royaux du Comté dudit lieu de Ponthieu. Copie d'Arrest du Parlement de Paris, du quatriéme Mars 1600. contenant le Reglemet d'entre lesdits Huissiers Sergens à cheual dudit Chastelet de Paris, & les Sergens des Preuostez, Bailliages, Elections, Gabelles, Greniers à Sel, & autres Iurisdictons Royales, tant ordinaires, qu'extraordinaires. Deux autres Copies d'Arrests dudit Conseil des vingt-sept Mars & deux May 1619. par lesquels est ordonné que ledit Reglement fait par ledit Parlement de Paris, ſera obſerué & entretenu. Requeſte preſentée au Roy par les Syndics de la Communauté des treize vingts Sergens à verge, Priſeurs Vendeurs de biens meubles audit Chaſtelet, Ville, Faux-bourgs, Banlieuë, Preuoſté & Vicomté de Paris, du dernier Mars, pour eſtre receu parties interuenantes en l'inſtance d'entre les parties; ſur laquelle eſt ordonné que les Supplians ſont receus parties interuenantes au procez mentionné en ladite Requeſte, ſignifiée à l'Aduocat dudit demandeur ledit iour dernier Mars. Copie des Lettres de Chartres du mois de Septembre 1599. portant confirmation des Priuileges deſdits Sergens à verge, Priſeurs Vendeurs dudit Chaſtelet. Autre Requeſte du demandeur du ſeize de ce mois, pour contredit à ladite interuention, dont acte luy eſt accordé, ſignifiée ledit iour. Appointement de Reglement pris entre les parties, le vingt-ſept Feurier mil ſix cens vingt. Eſcritures & productions des parties, & tout ce que par elles a eſté mis pardeuers le Commiſſaire à ce deputé : oüy ſon rapport, & tout conſideré. LE ROY EN SON CONSEIL, faiſant droict ſur ladite inſtance, A mis & met les parties hors de Cour & de procez : & en interpretant l'Edict du mois de Septembre mil cinq cens quatre-vingts-ſept, a fait & fait deffenſes à tous Huiſſiers ou Sergens, autres que leſdits Huiſſiers Sergens à cheual & à verge du Chaſtelet de Paris, d'exploiter à l'aduenir le le ſcellé de ladite Preuoſté , & meſmes d'executer aucunes Sentences , Commiſſions ou Arreſts des autres Cours Souueraines & Iuriſdictions du Royaume dans ladite Ville de Paris, à peine de nullité deſdits Exploicts, d'amende pour leſdits Exploitans, & aux parties ciuiles de répondre des deſpens, dommages & intereſts. FAIT au Conſeil Priué du Roy, tenu à Fontaine-bleau le vingt-quatriéme iour d'Avril mil ſix cens vingt-vn. Signé, POTEL.

LOVIS par la Grace de Dieu Roy de France & de Nauarre : A nos amez & feaux Conſeillers, les Gens tenans noſtre Cour de Parlement de Paris ; Salut. Nous vous mandons & ordonnons que l'Arreſt cy-attaché ſous le contre-ſeel de noſtre Chancelerie, ce iourd'huy donné en noſtre Conſeil, entre Iean Merbouton Huiſſier Audiancier au Grenier à Sel de Verneüil, demandeur d'vne part ; Et la Communauté des Huiſſiers Sergens à cheual au Chaſtelet de Paris, & Iacques Flamant deffendeur, d'autre ; vous ayez à faire regiſtrer, & le contenu en iceluy garder & obſeruer, ſans qu'il y ſoit contreuenu en aucune maniere: de ce faire vous dõnons pouuoir, commiſſion & mandement ſpecial, nonobſtant oppoſitions ou appellations quelconques. MANDONS en outre, & commandons à noſtre Huiſſier ou Sergent premier ſur ce requis, faire les deffenſes mentionnées en noſtre Arreſt, ſur les peines y contenuës, & faire pour l'entiere execution d'iceluy, à la requeste desdits Huissiers Sergens à cheual, toutes significations, assignations, commandemens, deffenses, & autres actes & exploicts requis & necessaires, sans qu'il soit tenu demander congé ny pareatis. CAR tel est nostre plaisir. DONNE' à Fontainebleau le vingt-quatriéme iour d'Avril, l'an de Grace mil six cens vingt-vn, & de nostre regne le vnziéme. Signé, Par le Roy en son Conseil, POTEL.

Leu & publié en Iugement au Parc ciuil du Chastelet de Paris, l'Audiance tenant, ce requerant M. Iean le Picart Aduocat du Roy pour le Procureur du Roy, auquel & aux dénommez en l'Arrest a esté deliuré acte, pour leur seruir ce que de raison, & ordonné qu'il sera registré au Registre des Bannieres dudit Chastelet. Ce fut fait, leu, publié & prononcé par Messire Nicolas de Bailleul, sieur de Vatetot & de Soisi, Conseiller du Roy en ses Conseils d'Estat & Priué & Lieutenant Ciuil de ladite Preuosté & Vicomté de Paris, le Mardy vingt-cinquiéme iour de May mil six cens vingt-vn. Signé, RAINCE.

Sentēce du 7 Ianuier 1623 portant Reglement, qui declare des saisies reelles & criées faites en cōsequence nulles faites par vn Huissier de la Table de Marbre, en vertu du seellé du Chastelet.

A Tovs ceux qui ces presentes Lettres verront, Louis Seguier, Cheualier, Baron de Saint Brisson, Sieur des Ruaux & Saint Firmin, Conseiller du Roy, Gentil-homme ordinaire de sa Chambre, & Garde de la Preuosté de Paris, Salut. Sçauoir faisons, Que sur la Requeste faite en Iugement deuant Nous au Chastelet de Paris, par Maistre Estienne le Voisne, Procureur de Iean Taupin, Iuré Mouleur de Bois & sa femme, demandeurs aux fins de leur Requeste, baillée par escrit, & signifiée par de Besze Audiancier, le vingt-deuxiéme Decembre dernier, contre Maistre Denys du Cloz, Procureur d'André du Moy, Tailleur de Pierre, poursuiuant la vente & adjudication par decret en la Cour de Ceans, d'vne maison sise en cette Ville de Paris, ruë & proche la porte Saint Martin, saisie sur Antoine le Roy, & Perrette Fortin sa femme; Apres que ledit Voisne, audit nom, Nous à remonstré qu'il est creancier desdits le Roy & sa femme par obligation passée audit Chastelet le vnziéme May dernier, en vertu de laquelle obligation, ils ont fait proceder par voye de saisie reelle, & establissement de Commissaire de ladite maison, par Bazix Sergent à cheual en la Cour de Ceans, le vingt-deuxiéme Septembre dernier, sur laquelle saisie ils ont continué leurs poursuites; & que la mesme maison a pareillement esté saisie à la Requeste dudit du Moy, en vertu d'vn Contract passé audit Chastelet par François Nehou Huissier au Siege de la Table de Marbre du Palais à Paris, le deuxiéme Iuillet dernier passé, & ledit du Cloz, qui a dit qu'il estoit creancier auparauant ledit Voisne, & de somme plus notable, premier en hypoteque, & premier saisissant & en diligence, estant la saisie faite le deuxiéme Iuillet dernier, & la pretenduë saisie dudit le Voisne faite le vingt-deuxiéme Septembre ensuiuant; Dauantage, que les saisies & criées estoient faites auparauant les pretendus Reglemens & publications d'iceux, & certifiez par les Gens du Roy, qui auroient esté declarées bonnes & valables, & sans aucunes nullitez, mesme qu'il auoit obtenu Sentence & Congé d'adjuger contradictoirement, & suiuant icelle, qu'il auoit fait mettre & apposer les Affiches de la quarantaine dés le septiéme Decembre dernier, & que Maistre Iean Feüillet Procureur en la Cour de Ceans, auoit aussi fait saisir ladite maison auparauant ledit le Voisne: Mais dautant que la saisie dudit du Cloz estoit auparauant la sienne, qu'il estoit premier en diligence, il n'auoit voulu contester; lequel Feüillet ledit du Cloz a fait appeller, qui a aussi soustenu qu'il deuoit estre passé outre à la vente & adjudication sur la saisie dudit du Cloz: Sur quoy parties oüyes en leur plaidoyé, & oüy Maistre le Picart Aduocat du Roy audit Chastelet, qui a dit, que les saisies & criées faites à la requeste de la partie dudit du Cloz, estoient faites auparauant lesdits Reglemens & publications d'iceux, qu'il sembloit n'y auoir lieu d'y estendre le Reglement, ce qui seroit de perilleuse consequence. Novs, attendu que la saisie reelle faite à la requeste dudit du Moy, a esté faite par vn Huissier de la Table de Marbre, & non par vn Huissier ou Sergent dudit Chastelet, en vertu d'vn contract de constitution passé sous le scel dudit Chastelet, Auons ladite saisie, criées & poursuites faites à la Requeste dudit du Moy, declarées, & icelles declarons nulles: Ordonnons qu'il sera procedé & passé outre à la vente & adjudication par decret en la Cour de Ceans de ladite maison & lieux sur la saisie, & à la diligence desdits Taupin & sa femme. En témoin de ce, Nous auons fait mettre à ces presentes le scel de ladite Preuosté de Paris.

Ce fut fait & donné par Noble homme Maistre Antoine Ferrand, Conseiller du Roy, & Lieutenant Particulier de ladite Preuosté, tenant le Siege, le Samedy septiéme iour de Ianuier mil six cens vingt-trois: Collation, auec paraphe, A costé est escrit, le Voisne, Cardon.

Extraict des Registres du Conseil Priué du Roy.

Arrest du Cõseil, du 16 Avril 1624. portant Reglement, & deffenses à tous Huissiers Sergens Royaux d'executer le scellé du Chastelet, à peine de 300 liures d'amende,

PAr lequel sa Majesté fait inhibitions & deffenses à tous Huissiers Sergens Royaux, & autres de quelque Iurisdiction que ce soit, d'exploiter, ny mettre à execution le scellé & iugé du Chastelet, Preuosté & Vicomté de Paris, & choses dépendantes de ladite Iurisdiction, au prejudice des Huissiers Sergens dudit Chastelet de Paris, encores qu'il y eust Commission adressante au premier Sergent sur ce requis, sur peine aux contreuenans de nullité, cassation de leurs exploits, dépens, dommages & interests des parties, & de trois cens liures d'amende contre chacun des contreuenans, & pour chacune contrauention; lesquels Huissiers Sergens seront tenus de resider dans le Ressort & Iurisdiction où ils auront esté receus, sur les mesmes peines, le tout suiuant & conformément aux Edits, Arrests, Reglemens du Conseil & du Parlement de Paris: Ordonne en outre sa Majesté que ledit Arrest sera leu & publié où besoin sera. Signé, PHELIPPEAVX.

SEntence renduë en la Chambre Criminelle du Chastelet de Paris, entre les Maistres & Gouuerneurs de la Communauté des Sergens à verge audit Chaſtelet, le cinquiéme iour de Mars 1626.

Contre Iean Moreau, l'vn des quatre Sergens fieffez audit Chaſtelet.

Par laquelle a eſté ordonné, que faute d'auoir par ledit Moreau vacqué à la Police auec le Commiſſaire Brice & les autres Sergens, iceluy Moreau a eſté condamné en ſeize liures pariſis d'amende; ſçauoir moitié au Roy, & l'autre moitié auſdits Sergens, ainſi que le contient plus au long la dite Sentence.

Reglement du 5. Mars 1626. contre les Sergens fieffez pour la Police.

Extraict des Regiſtres de Parlement.

ENtre André du Moy, appellant d'vne Sentence donnée par le Preuoſt de Paris, ou ſon Lieutenant, du ſeptiéme iour de Ianuier mil ſix cens vingt-trois, d'vne part: Et Iean Taupin intimé d'autre. Et entre les Maiſtres de la Communauté des Sergens à verge, Priſeurs Vendeurs de biens meubles en la Ville Preuoſté & Vicomté de Paris, demandeurs en Requeſte du quinziéme jour de May audit an mil ſix cens vingt-trois, aux fins d'eſtre receus parties en ladite inſtance d'vne part: Et leſdits du Moy & Taupin, defendeurs, d'autre; & encores entre Maiſtre Iean

Arreſt de ladite Cour du 16 May 1626 qui confirme la Sentence du Chaſtelet du 7 Ianuier 1623, qui déclare des ſaiſies reelles & criées nulles faites en vertu de ſeellé du Chaſtelet, faite par autres Sergens que ceux du Chaſtelet.

Feüillet Procureur au Chastelet de Paris, Curateur creé par Iustice à la personne & biens de Sebastien le Vacher, Iean Iulien, Michel Hubert & Loüis Evrards, creanciers d'Anthoine le Roy & sa femme, demandeurs en Requeste du dix-septiéme iour de Fevrier 1625. d'vne part; Et lesdits Taupin de Moy, aussi creanciers dudit le Roy, deffendeurs, d'autre. VEV PAR LA COVR l'Arrest du deuxiéme iour de May 1625, par lequel sur ledit appel, lesdites parties auroient esté appointées au Conseil, & à produire ladite Sentence du septiéme jour de Ianuier 1623. par laquelle ledit Preuost de Paris, ou son Lieutenant, attendu que la saisie réelle de la maison & lieux dont estoit question, faite à la requeste dudit du Moy, auoit esté faite par vn Huissier du Siege de la Table de Marbre, en vertu d'vn Contract de constitution, passé sous le seel du Chastelet, auroit declaré ladite saisie & criées nulles, & ordonné qu'il seroit passé outre, & procedé à la vente & adjudication par decret de ladite maison, & lieux sur la saisie faite à la requeste dudit Taupin, & à sa diligence. Causes & moyens d'appel dudit appellant. Forclusions de fournir de réponses ausdites causes d'appel par ledit inthimé. Production desdites parties en ladite instance : Ladite Requeste de la Communauté des Sergens dudit Chastelet, aux fins d'estre receus parties; & que faisant droit sur leur interuention, ladite Sentence sortiroit effect, & l'appellant condamné aux

aux deſpens. Moyens d'interuention deſdits Sergens. Forcluſions de fournir de reſponſes auſdits moyens d'interuention. Appointement en droit. Aduertiſſement & production de ladite Communauté des Sergens du Chaſtelet. Requeſte dudit du Moy, du ſixiéme iour de Septembre 1625. Forcluſion de produire par ledit Taupin. Contredits dudit de Moy, & Requeſte deſdits Sergens, employée pour contredits, ſuiuant l'Arreſt du deuxiéme Ianvier dernier : Forcluſion de fournir de contredits par ledit Taupin : La Requeſte dudit Feüillet & conſorts, du dix-ſeptiéme iour de Février 1625. à ce que faute d'auoir par leſdits du Moy & Taupin, fait vuider l'appel de la Sentence du ſeptiéme Ianuier 1623. pendant entr'eux, & faire adjuger la maiſon en queſtion, ils ſoient condamnez en leurs priuez noms, leur payer le ſort princpal & arrerages des ſommes à eux deuës, du moins à eux, & eſcheus, de payer leurs conteſtations, & eux à eſcrire iuſques au iour de l'adjudication de ladite maiſon , auec dépens. Appointemens en droit. Aduertiſſemens & productions deſdites parties en ladite Inſtance : Leſdites inſtances jointes: Et tout conſideré. DIT A ESTE', Que ladite Cour, ayant aucunement égard à ladite interuention, faiſant droict ſur le tout, A mis & met l'appellation au neant, ſans amende; Ordonne que la Sentence de laquelle a eſté appellé, ſortira effet; & ſur l'amende dudit Feüillet & conſorts, a mis & met les parties hors de Cour & de procez;

le tout ſans deſpens. PRONONCE' le ſeiziéme iour de May mil ſix cens vingt-ſix. Signé par collation GALLARD.

Extraict des Regiſtres de Parlement.

ENtre les Huiſſiers Sergent à verge au Chaſtelet de Paris, le vingt-deuxiéme Aouſt mil ſix cens vingt-ſix.

Contre les Huiſſiers Sergens de la Table de Marbre, Eaux, Foreſts, Conneſtablie, & Mareſchauſſée, Bailliages, Greniers à ſel, & autres Sergens Royaux de ce Royaume.

Arreſt de la Cour du 22. Aouſt 1626, Portant Re-

Par lequel la Cour, ſur les concluſions de Monſieur le Procureur General du Roy, fait deffenſes à tous Huissiers de la Table de Marbre, Eaux & Forests, Connestablies, Mareschaussées, Bailliages, Greniers à sel, & à tous autres Sergens de ce Royaume, d'executer aucunes Contraintes, Obligations, Iugemens, Ordonnances, & autres Actes emanez de la Preuosté de Paris, & Officiers d'icelle, passez ou expediez sous le scellé de ladite Preuosté, l'execution desquels en appartiendra aux Sergens à cheual & à verge de ladite Preuosté & Vicomté; Et qu'és Villes où il y aura Preuosté Royale, Bailliages ou Seneschaussées, ausquels il n'y aura aucuns Sergens à cheual, residens, les Sergens Royaux ordinaires du lieu pourront mettre à execution ce qui dépendra de ladite Preuosté de Paris. Et sur les appellations interjettées par la Communauté des Procureurs du Chastelet, ensemble sur l'appel de Raince, principal Commis au Greffe dudit Chastelet, LA COVR a fait inhibitions & deffenses ausdites Procureurs d'occuper sur les assignations par eux receuës & données en vertu d'exploits faits par autre que les Sergens dudit Chastelet, à peine d'amende arbitraire, dépens, dommages & interests des parties; sans que lesdits Procureurs soient tenus de les en aduertir. PRONONCE' ledit iour vingt-deux Aoust mil six cens vingt-six; Signé en fin, GALLAND. Ledit Arrest leu, publié audit Chastelet.

glement pour les Huissiers Sergens à cheual & à verge du Chastelet de Paris, contre les Huissiers Sergens de ce Royaume d'executer le scellé dudit Chastelet, auec défenses aux Procureurs dudit Chastelet d'occuper sur autres exploits que ceux faits par les Sergens dudit Chastelet, à peine d'amende, dépens, dommages & interests des parties.

Extraict des Registres de Parlement.

ARrest de la Cour, donné au profit de la Communauté des Sergens à verge au Chastelet de Paris, le vingt-sept Aoust mil six cens vingt-six.

Contre les Huissiers Sergens de la Connestablie, Mareschaussée de France, Admirauté, Bailliage du Palais, & autres.

Et encores la Communauté des Procureurs du Chastelet de Paris.

Arrest de ladite Cour du 27. Aoust 1626, portant iteratiues deffenses aux Huissiers Sergẽs de toutes Iurisdictiõs de signifier aucuns actes des Officiers dudit Chastelet, à peine de nullité, & de 200. liu. parisis d'amende. Et aux Procureurs dudit Chastelet d'occuper sur autres exploits que sur ceux qui seroiẽt faits par les Sergens à verge du Chastelet.

Par lequel iteratiues deffenses sont faites aux Huissiers Sergens de la Connestablie, Admirauté, Bailliage du Palais, & tous autres, de mettre à execution le Scellé de la Preuosté de Paris, les Mandemens & Ordonnances des Officiers d'icelle, à peine de deux cens livres parisis d'amende, nullité de leurs Exploits, & de tous despens, dommages & interests des parties; & aux Procureurs dudit Chastelet, d'occuper sur autres Exploits que sur ceux qui seront faits par les Sergens à verge audit Chastelet, ainsi que le contient plus au long ledit Arrest.

Extrait des Registres de Parlement.

ARrest de la Cour, donné au profit de la Communauté des Sergens à verge du Chastelet de Paris, le vingt Fevrier 1627.

Contre Estienne Heulin Huißier Sergent és Eaux & Forests, au Siege de la Table de Marbre à Paris.

Par lequel a esté ordonné que les Exploits faits par ledit Heulin en vertu du Seellé du Chastelet auoir esté declarez nuls, & pour la contrauention par luy faite à l'Arrest de ladite Cour du vingt-deuxiéme Aoust 1626. a esté condamné à l'amende, que la Cour a moderée pour cette fois à vingt-quatre liures parisis, auec deffenses de plus à l'aduenir contreuenir audit Arrest, sur les peines portées par iceluy, & aux despens de l'Instance, liquidez à seize liures parisis, ainsi que le contient plus au long ledit Arrest.

Arrest du 20 Fevri. 1627. Les exploits du nommé Heulin Huissier és Eaux & Forests, faits en vertu du Seellé du Chastelet, declarez nuls, à l'amende & aux dépens.

SEntence renduë en la Chambre Ciuile en faueur des Maistres de la Communauté des Sergens à verge au Chastelet de Paris.

Reglement du 18. May 1627. portãt deffenses d'exposer

des meubles en vẽte sans autorité de Iustice, à peine de 500 liu. d'amende, & de cõfiscation.

Par laquelle appert que Mathieu Grandion Sergent à verge audit Chastelet, pour auoir exposé des meubles en vente sans authorité de Iustice, auoir esté condamné en huit liu. parisis d'amende enuers la Communauté des Sergens à verge, & en pareille amende enuers les Iurez Fripiers, auec deffenses de plus faire telles ventes, à peine de confiscation & de cinq cens liures d'amende, & aux despens, ainsi que le contient plus au long ladite Sentence, Signée en fin, BAVDESON.

Extraict des Registres de Parlement.

ARrest de ladite Cour, donné en faueur de la Communauté des Sergens à verge au Chastelet de Paris le 1627.

Contre Maistre Estienne Dryot Procureur audit Chastelet.

Arrest contre M. Estiẽne Dryot Procureur au Chastelet condamné en l'amende & aux despens.

Par lequel iceluy Dryot a esté condamné à l'amende de douze liures enuers ladite Communauté, pour auoir occupé sur des Exploits faits par autres Sergens que ceux du Chastelet, pour la contrauention par luy commise aux Arrests & Reglemens, auec deffenses de plus y contreuenir, & aux dépens, liquidez à pareille somme de douze liures enuers ladite Communauté.

Extraict des Registres du Parlement.

Arrest de ladite Cour du premier Fevrier 1628. portant Reglement cōtre les Huissiers Sergēs de toutes Iurisdictions, d'exploiter le scellé du Chastelet, à peine de 200. liures d'amende, punition & suspension de leurs Charges.

ARrest de ladite Cour, interuenu sur la Requeste des Maistres de la Communauté des Sergens à verge au Chastelet de Paris, le premier Fevrier 1628.

Contre plusieurs Huissiers Sergens Royaux de toutes Iurisdictions.

Par lequel est fait iteratiues deffenses à tous Huissiers Sergens de quelques Iurisdictions qu'ils soient, de mettre à execution le seellé du Chastelet, auec deffenses d'y contreuenir, à peine de deux cens liures d'amende, & de punition contre les contreuenans, mesme de suspension de leurs Charges, & que ledit Arrest seroit leu, publié au Parcq Ciuil du Chastelet de Paris, & à son de Trompe par les Carrefours de cette Ville de Paris, & par tout ailleurs où besoin sera, ainsi que le contient plus au long ledit Arrest, Signé, GALLARD.

Autre Reglement du 29 Decembre 1629. qui ordōne que les Sergens qui feront des ventes seront tenus

SEntence renduë en la Chambre Ciuile au Chastelet de Paris, en faueur des Maistres de la Communauté des Sergens à verge audit Chastelet, le dix-neuf Decembre 1629.

d'exhiber les pieces en vertu desquelles ils vendent aux Maistres de Communauté quand ils en seront requis.

Contre Lagneau Sergent à verge audit Chastelet,

Qui faisoit vne vente à la Porte Baudoyer sans pieces ny permission : apres qu'en Iugement il a monstré vne Requeste ; & neantmoins à luy enjoint & à tous autres Sergens exposans meubles en ventes de monstrer & exhiber aux Maistres de la Communauté les pieces en vertu desquelles ils font leurs ventes, quand ils en seront requis, à peine confiscation des meubles exposez, & de quatre-vingts liures parisis d'amende enuers la Communauté, ainsi que le contient plus au long ladite Sentence.

DEux Sentences renduës en la Chambre Criminelle au Chastelet de Paris, le vingt-neuf Ianuier 1630 & vingt Féurier ensuiuant entre Louis Pillemy, Sergent à verge audit Chastelet.

Sentences contre des Rebellionnaires des 29 Ianuier & 20 Feur. 1630.

Contre les nommé Bien-Venu & le Febvre Domestiques de Monsieur le Mareschal de la Chastre.

Par lesquelles, pour la rebellion commise par ledit le Febvre en la personne de Loüis Pillemy, a esté condamné à estre pendu & estranglé à la ruë Saint Antoine prés la Place Royale, & les autres Domestiques & complices, condamnez aux Galeres pour neuf ans,&c.

Extraict

Extraict des Registres de Parlement.

ARrest de ladite Cour, interuenu entre les Huissiers Audianciers au Presidial du Chastelet de Paris, & les Communautez des Huissiers Sergens à verge & à cheual audit Chastelet, le vingt-quatriéme Mars 1635.

Tant a esté procedé entre les parties sur les Conclusions de Monsieur le Procureur General du Roy. DIT A ESTÉ, La Cour faisant droict sur le tout, sans s'arrester aux Lettres en forme de Requeste Ciuile, A mis & met les appellations au neant: fait inhibitions & deffenses ausdits Sergens à verge & à cheual de faire aucuns Exploits de significations dans l'enclos dudit Chastelet, pour ce qui concerne les Instructions de procez, lesquelles appartiendront aux Audianciers, tant du Presidial, que des Auditeurs, conformément ausdites Sentences, priuatiuement ausdits Sergens, fors les Exploits de Renuoy aux Requestes du Palais, qu'ils pourront faire concurramment auec lesdits Audianciers; Ausquels Audianciers les Procureurs seront tenus de bailler à signifier lesdites Expeditions qui seront faites dans l'enclos dudit Chastelet. Ordonne la Cour qu'elles pourront estre faites concurramment tant par les Audian-

Arrest de la Cour du 24. Mars 1635, portant Reglement entre les Huissiers Audianciers que Sergens du Chastelet, auec deffenses ausdits Audianciers de faire faire aucunes significatiõs par leurs Clercs, à peine de faux.

ciers du Presidial, & des Auditeurs, que Sergens, à la charge que les vns & les autres ne pourront prendre, pour celles qui concernent l'instruction des causes & procez, que deux sols six deniers, à peine de concussion, ny que lesdits Hussiers Audianciers en puissent faire faire aucunes par leurs Clercs, sur peine de faux, sans despens entre les parties. PRONONCE' le vingtquatriéme Mars mil six cens trente-cinq. Signé, GVYET.

Extraict des Registres de Parlement.

Arrest du 6. Septembre 1636, qui ordonne que l'Arrest du 24 Mars 1635, sera executé par les Huissiers Audianciers & les Procureurs du Chastelet.

ENtre la Communauté des Sergens à verge au Chastelet de Paris, demandeurs aux fins de la Requeste par eux presentée à la Cour le vingt-septiéme Iuillet mil six cens trente-cinq, d'vne part : Et les Huissiers Audianciers dudit Chastelet, deffendeurs, d'autre. VEV PAR LA

COVR, la demande mentionnée en ladite Requeste, tendante, à ce qu'attendu les deffenses faites aux Audianciers de faire faire aucunes Expeditions par leurs Clercs, par l'Arrest contradictoire rendu entre les parties, le vingt-quatriéme Mars mil six cens trente-cinq; Il fût ordonné, que pour la contrauention par eux faite audit Arrest, les significations non faites par eux en personne, seroient declarées fausses & nulles; Et que pour la contrauention, ils seroient condamnez chacun en cinq cens liures d'amende, & de plus y contreuenir, à peine de punition exemplaire, auec despens, dommages & interests: Et que deffenses fussent faites aux Procureurs dudit Chastelet, à peine de suspension de leurs Charges, de receuoir aucunes significations, soit dedans ou dehors le Chastelet, sinon par lesdits Audianciers en personne, & qu'iceux Audianciers feront mention dans leurs significations de ces mots; Signifié & baillé copie, le jour, datte, & parlant à qui: au lieu de mettre seulement la datte & seing, afin d'auoir sujet d'eux deffendre de faire lesdites significations en personne; Requeroient à cette fin l'adjonction du Procureur General; & outre qu'il leur fust permis de faire emprisonner les Clercs, Appointemens en droit, significations: Deffenses, Appointemens en droit, Aduertissemens, Productions, & Contredits desdites parties, suiuant l'Arrest du quinziéme Iuillet dernier. Conclusions du Procureur General:

Et tout consideré. DIT A ESTÉ, Que ladite Cour a ordonné & ordonne, Que ledit Arrest du vingt-quatriéme Mars mil six cens trente-cinq sera executé selon sa forme & teneur; A fait & fait deffenses ausdits Huissiers d'y contreuenir, à peine de faux & d'amende: Et deffenses aux Procureurs du Chastelet, de receuoir les significations par les mains des Clercs desdits Huissiers Audianciers; Et à cette fin lesdits Audianciers feront mention dans leurs significations, du jour, datte, & parlant à qui la signification sera faite; & lesdits deffendeurs condamnez és despens, lesquels ladite Cour a liquidez à trente-deux liures parisis. PRONONCÉ le sixiéme iour de Septembre, mil six cens trente-six. Signé, GVYET.

Extraict des Registres de Parlement.

ARrest de ladite Cour, donné au profit des Maistres de la Communauté des Sergens à verge au Chastelet de Paris, le troisiéme Iuillet 1639.

Arrest de la Cour du 3. Iuillet, 1639, qui ordonne que les Maistres de la Communauté signeront les procez verbaux des ventes pour les absens.

Par lequel est ordonné, que le procez verbal de la vente faite par Denys Goussard des biens meubles de la succession de feu Monsieur du Chastelet, sera fait & dressé par les Maistres de la Communauté, la minute & memoires demeureront és mains de l'Ancien desdits Maistres.

Extraict des Registres de Parlement.

Arrest du 11 Iuillet 1640 portant iteratiues deffenses aux Sergens Royaux d'executer le Seellé du Chastelet, permis d'emprisonner les contreuenans pour l'amende de 200 liures.

VEV par la Cour, la Requeste presentée par les Maistres de la Communauté des Sergens à verge au Chastelet de Paris; Contenant, que par Arrest de ladite Cour du vingt-deuxiéme Aoust mil six cens vingt-six, il a esté entr'autres choses fait deffenses à tous Huissiers & Sergens de toutes Iurisdictions, d'executer aucuns Contracts, Obligations, Sentences, & tout ce qui est du Seellé dudit Chastelet, & ce dans la Ville, Preuosté & Vicomté de Paris, à peine de nullité, & de deux cens liures parisis d'amende: Lequel Arrest a esté signifié & publié audit Chastelet. Et y ayant eu quelques Sergens qui y auroient contreuenu, par autre Arrest du premier Fevrier mil six cens vingt-huit, lesdites deffenses auroient esté reïterées: Neantmoins au prejudice desdits Arrests, il y a plusieurs Sergens qui entreprennent ſur les Charges des Supplians, font toutes Executions, Exploits, & executent, ſans aucune diſtinction, tous leſdits Iugemens, & ce qui eſt paſſé ſous le ſeellé dudit Chaſtelet, qui eſt vne contrauention manifeſte, & entrepriſe contre & au prejudice des Edits, Ordonnances & Arreſts. A CES CAVSES, Requeroient, executant leſdits Arreſts, que les deſenſes portées par iceux fuſſent reïterées, & qu'il fuſt ordonné qu'ils ſeront executez ſelon leur forme & teneur; & permis, ſuiuant iceux, emprisonner les contreuenans: & qu'au payement de la peine portée par leſdits Arreſts, ils ſeront contraints par les meſmes voyes, & qu'ils ſeront executez, nonobſtant oppoſitions ou appellations quelconques. VEV auſſi leſdits Arreſts, & autres pieces attachées à la Requeſte: Concluſions du Procureur General du Roy: & tout conſideré. LADITE COVR a ordonné & ordonne, que leſdits Arreſts des vingt-deuxiéme Aouſt & premier Fevrier ſeroient executez ſelon leur forme & teneur. Fait iteratiues deffenſes d'y contreuenir, ſur les peines y contenuës, & autres plus grandes, s'il y eſchet. Et en cas de contrauention, ſeront les contreuenans contraints par priſon au payement de l'amende de deux cens liures portée par ledit Arreſt du premier Fevrier. Et ſera le preſent Arreſt executé en vertu de l'Extraict. FAIT en Parlement le vnziéme Iuillet mil ſix cens quarante. Signé, DV TILLET. Et ſcellé.

Extraict des Regiſtres de Parlement.

ARreſt de la Cour, obtenu par les Maiſtres de la Communauté des Sergens à verge audit Chaſtelet, le vingt-troiſiéme Avril 1641.

Contre Iean Michaut, Sergent à cheual & d'armes.

Par lequel deffenſes ſont faites audit Michault & à tous autres de mettre à execution aucunes Obligations, Sentences & Iugemens du Chaſtelet, Mandemens & Ordonnances des Officiers d'iceluy, ſur les peines portées par les Arreſts: Et pour la contrauention par luy faite, condam-

Arreſt du 23 Avril 1645 contre Iean Michaut Sergent à cheual & d'armes, condamné en 48 liures pariſis d'amende, & aux dépens,

né enuers ladite Communauté en quarante-huit liures parisis d'amende ; auec injonction audit Michault & à tous autres de mettre dans les Exploits qu'ils feront leurs noms, surnoms, qualitez, & demeures, à peine de faux, & de faire leur residence dans l'estenduë de leurs Iurisdictions, à peine d'amende, & condamné aux despens, liquidez à douze liures parisis.

Extraict des Registres de Parlement.

Arrest de ladite Cour du 16 May 1641. portant deffenses a tous Huissiers de faire faire des exploits, ny significatiõs par leurs clercs.

ARrest de la Cour du seize May 1641. DIT A ESTE', qu'ayant esgard aux Conclusions du Procureur General du Roy, LA COVR a fait inhibitions & deffenses aux Huissiers, de faire faire aucuns exploits, ny significations par leurs Clercs, à peine d'en répondre en leurs noms, des dépens, dommages & interests des parties, & d'amende arbitraire. Signé, GVYET.

Extraict des Registres de Parlement.

ARrest de la Cour, donné au profit de la Communauté des Sergens à verge au Chastelet de Paris le seiziéme May 1641.

Contre les Huißiers Audianciers audit Chastelet.

Par lequel est ordonné, qu'ayant égard aux Conclusions du Procureur General du Roy, & y faisant droict, a fait & fait inhibitions & deffenses ausdits Huissiers Audianciers de faire faire aucuns Exploits ny Significations par leurs Clercs, à peine d'en respondre en leurs propres & priuez noms, & des despens, dommages & interests des parties, & d'amende arbitraire. Signé, GVYET.

Arrest de la Cour du 16. May 1641. contre les Huissiers Audianciers du Chastelet.

SEntence renduë audit Chastelet, au profit de la Communauté des Sergens à verge au Chastelet de Paris, le septiéme Mars 1646.

Contre le nommé Bonuent, soy disant Sergent à Clamart.

Par laquelle ledit Bonuent, pour auoir signifié vn Acte d'appel passé pardeuant Notaires au Chastelet de Paris, & autres actes, a esté declaré inhabile & abusif, condamné à l'amende enuers le Roy, & aux despens, auec deffense de plus exploiter, sur peine de prison & d'amende arbitraire.

Sentence du 7 Mars 1646. contre les Sergens Royaux.

Sentence renduë audit Chaſtelet, au profit de la Communauté des Sergens à verge audit Chaſtelet, le premier Aouſt 1648.

Contre André Ronce, Huiſsier de la Cour des Monnoyes.

Reglement du premier Aouſt 1648 contre André Ronce Huiſsier de la Cour des Monnoyes, portant deffenſe d'executer le ſcellé du Chaſtelet, & condamné à l'amende, & aux dépens.

Par laquelle eſt fait deffenſes audit Ronce de plus à l'aduenir executer le ſeellé dudit Chaſtelet, ſur les peines portées par les Arreſts; de faire aucunes priſées ny ventes en la Ville & Banlieuë de Paris; condamné en huit liures pariſis d'amende pour cette fois enuers ladite Communauté, & condamné à mettre les Sentences du Preuoſt de Paris, en vertu deſquelles il trauaille, entre les mains des Maiſtres de Communauté, pour eſtre par eux fait la vente des Planches de Cuivre dont eſt queſtion, & aux deſpens. Signé, HVBERT.

Extraict des Regiſtres de Parlement.

ARreſt de la Cour, intervenu ſur la Requeſte preſentée par les Sergens à verge, au Chaſtelet de Paris, le quatriéme d'Aouſt 1648.

Contre les Huißiers Sergens Royaux, Commißionnaires, & autres soy-disans Sergens.

Par lequel est dit, VEV les Arrests de la Cour des vingt-deux Aoust 1626. premier Fevrier 1628. vnze Iuillet 1640. & deuxiéme May 1648. & autres pieces attachées à ladite Requeste. Conclusions du Procureur General du Roy. LADITE COVR, A ordonné & ordonne, Que lesdits Arrests des vingt-deuxiéme Aoust 1626. premier Fevrier 1628. vnziéme Iuillet 1640. & deuxiéme May 1648. seront executez selon leur forme & teneur; A rëiteré les deffenses portées par iceux; Enjoint ausdits Huissiers Sergens de se retirer & faire leurs demeures aux lieux où ils doiuent resider pour le fait de leurs Charges, dans huitaine, apres la publication du present Arrest, & de n'exploitter ailleurs, à peine de crime & de faux, & de mil liures d'amende. Et où lesdits Huissiers Sergens se trouueront refractaires de satisfaire au present Arrest, permis aux Supplians de les faire emprisonner; & fait deffenses aux Commissaires de se seruir de leurs Commissions, ny faire aucuns Exploits & Actes de Iustice, sur pareilles peines, & de tous despens, dommages & interests: Et en cas de contrauention, permis aussi ausdits Supplians de les constituer prisonniers. Et sera le prsent Arrest executé en vertu de l'Extraict d'iceluy. FAIT en Parlement le

Arrest de la Cour du 4. Aoust 1648. portant Reglement cõtre les Huissiers Sergens Royaux, & autres, de se retirer en leurs Iurisdictions, dans huitaine, & de n'exploiter ailleurs, à peine de faux, & de mil livres d'amende, permis d'emprisonner les refractaires quatriéme jour d'Aoust mil six cens quarante-huit. Signé, GUYET.

Et plus bas est écrit,

Leu, publié en Iugement au Parc Ciuil du Chastelet de Paris, l'Audiance & Presidial tenant, ce requerant le Procureur du Roy audit Chastelet, pour estre executé selon leur forme & teneur, le Vendredy septiéme Aoust mil six cens quarante-huit. Signé, RAINCE.

Le Samedy huitiéme iour d'Aoust mil six cens quarante-huit, ledit Arrest a esté leu, publié à son de de Trompe par les Carrefours de cette Ville de Paris, par Iean Tossier Iuré Crieur ordinaire du Roy.

Extraict des Registres de Parlement.

VEU par la Chambre des Vaccations, la Requeste presentée par le Procureur General du Roy, à ce que pour reprimer l'insolence & temerité de plusieurs personnes, qui au mépris de la Iustice, entreprennent d'enleuer des mains des Officiers & Ministres d'icelle les prisonniers, auec paroles tendantes à émotion & outrages contre ceux qui en ont la conduite; ce qui est aduenu depuis peu en plusieurs endroits, mesme dans la Cour du Palais, il fut ordonné qu'il en seroit informé, & les Arrests precedens executez, deffenses d'y contreuenir à peine de la vie, & qu'il fust enjoint à tous Preuosts & autres Officiers de tenir la main à l'execution du present Arrest; & au Bailly du Palais, se saisir de tous Laquais, Faineans, & Gens sans adueu, qui se trouueroient joüant dans la Salle & Cour du Palais, & proceder contr'eux suiuant les Ordonnances & Reglemens; Tout consideré. LADITE CHAMBRE, ayant égard à la Requeste, A ordonné & ordonne, que Commission sera déliurée audit Procureur General, pour informer des attentats, violences & voyes de fait, commises aux emprisonnemens, conduites & translations des Prisonniers; Cependant seront les Arrests executez, & suiuant iceux fait tres-expresses inhibitions & deffenses à toutes personnes, de quelque qualité & condition qu'elles soient, d'empescher directement ou indirectement, soit par paroles tendant à émotion, ou par force & voyes de faict, les Captures, Emprisonnemens, Conduites, & Trans-

Arrest de la Cour du premier Octobre 1649, portant permission d'emprisonner les rebellionnaires à Iustice.

lations de Prisonniers, tant Ciuils que Criminels, à peine de la vie, & d'estre declarez perturbaturs du repos public : A permis & permèt d'emprisonner les contrenans; Enjoint à tous Preuosts & autres Officiers de tenir la main à l'execution du present Arrest, & au Bailly du Palais, se saisir de tous Laquais, Faineans, & Gens sans adueu qui se trouueront dans la Salle & Cour du Palais, joüans aux cartes & dez, & proceder contr'eux suiuant les Reglemens & Ordonnances : Et que le present Arrest sera leu, publié, & affiché en la maniere accoustmée, à ce que nul n'en pretende cause d'ignorance : Et sera le present Arrest executé par vertu de l'Extraict, & des Copies imprimées & collationnées par vn Notaire & Secretaite de la Cour. FAIT en Vaccations le premier Octobre mil six cens quarante-neuf. Signé, GVYET.

Extraict des Registres de Parlement.

ENtre les Huissiers Audianciers, & Sergens Royaux au Bailliage du Palais, au nombre de douze, demandeur à l'enterinement d'vne Requeste par eux presentée à la Cour le vnziéme Octobre mil six cens cinquante, & aux conclusions portées par autre Requeste, sur laquelle est interuenu Arrest le dix-neufiéme Nouembre ensuiuant, à ce qu'ils fussent receus opposans à l'execution de l'Arrest du vingt-deuxiéme Aoust mil six cens vingt-six, & à l'emprisonnement fait de la personne du nommé Mongeot l'vn d'eux, & recommandation d'icelle. Et faisant droit sur ladite opposition, ordonner que lesdits demandeurs exerceroient leurs Charges, & feront toutes sortes d'exploits, d'executions & contraintes en vertu des Sentences, Contrats & Obligations emanez de quelque Iustice que ce soit, mesme du Chastelet de Paris, conformément aux Edits & Declarations de leurs Charges, verifiées en la Cour; & outre que les defendeurs fussent condamnez aux dommages & interests dudit emprisonnement, & defendeurs, d'vne part; Et les Maistres & Gouuerneurs de la Communauté des Sergens à verge du Chastelet de Paris; & les Maistres Procureurs, Receueurs de la Commu-

Arrest de ladite Cour du 18 Fev. 1651, portant Reglement cõtre les Huissiers Audianciers, Sergẽs Royaux au Bailliage du Palais.

nauté des Huissiers, Sergens à cheual audit Chastelet, deffendeurs, & demandeurs à l'enterinement d'autres Requestes par eux presentées à la Cour, les dix-septiéme Octobre, vingt-quatriéme dudit mois de Nouembre; Et encores en Requeste judiciairement faite en plaidant, tendante à ce qu'ils fussent receus opposans, tant à l'execution dudit Arrest du dix-neufiéme dudit mois de Nouembre, qu'Ordonnance de Parle sommairement, estant en fin de ladite Requeste du vnziéme Octobre; faisant droict sur ladite opposition, ordonner que les Arrests contradictoires obtenus par lesdits Sergens à verge & à cheual au Chastelet, notamment ceux des vingt-deux Aoust mil six cens vingt-six, premier Feurier mil six cens vingt-huit, vnze Iuillet mil six cens quarante, & quatriéme Aoust mil six cens quarante-huit, seroient executez selon leur forme & teneur, deffenses ausdits Huissiers Audianciers & Sergens Royaux du Bailliage du Palais d'y contreuenir, & ledit Mongeot contraint par corps au payement de la somme de cinq cens liures, de peine portée par iceux, en tous leurs dommages & interests, & despens, d'autre part; sans que les qualitez puissent prejudicier. Apres que Gaulmont pour les Huissiers & Sergens du Bailliage; & Gaultier pour la Communauté des Sergens à verge du Chastelet ont esté oüys; ensemble Talon pour le Procureur General du Roy present; Desita pour les Huissiers Sergens à cheual.

cheual. LA COVR, a receu la partie de Gaultier opposant ; & sans s'arrester à la Requeste des parties de Gaulmont, Ordonne que les Arrests seront executez : Fait deffenses aux parties respectiuement d'y contreuenir sur les peines portées par les Ordonnances, sans despens. FAIT en Parlement le dix-huitiéme Feurier mil six cens cinquante-vn. Signé, GVYET.

Extraict des Registres du Conseil Priué du Roy.

ARrest du Conseil Priué du Roy, interuenu entre les Huissiers de la Preuosté de l'Hostel du Roy & grande Preuosté de France, demandeurs en Requeste du dix-neufiéme Feurier mil six cens vingt-sept, d'vne part : Et la Communauté des Sergens à verge, Priseurs Vendeurs de biens meubles en la Ville, Faux-bourgs & Banlieuë de la Preuosté & Vicomté de Paris ; Et les

Arrest du Conseil Priué du Roy, du 17 Iuin 1653, portãt Reglement contre les Huissiers Sergens de la Preuosté de l'Hostel.

Huiſſiers Sergens à cheual au Chaſtelet, deffendeurs, d'autre part : Eſcritures & productions deſdites parties, tout ce qui a eſté mis & produit pardeuers le Sieur le Lievre Conſeiller du Roy, Maiſtre des Requeſtes ordinaire de ſon Hoſtel, Commiſſaire à ce deputé, Oüy ſon rapport, & tout conſideré. LE ROY EN SON CONSEIL, faiſant droict ſur l'inſtance, a maintenu & gardé leſdits Huiſſiers du Chaſtelet de Paris, en la poſſeſſion & joüyſſance d'exploiter ſeuls à l'excluſion de tous autres, les actes paſſez ſous le Sceau de la Preuoſté & Vicomté de Paris, meſme à l'excluſion deſdits Huiſſiers de la Preuoſté de l'Hoſtel; & neantmoins a ſadite Majeſté déchargé ledit Pournet de la condamnation portée par la Sentence interuenuë audit Chaſtelet le vingt-vniéme Fevrier mil ſix cens cinquante-deux, ſans deſpens entre les parties. FAIT au Conſeil Priué du Roy, tenu à Paris le dix-ſeptiéme iour de Iuin mil ſix cens cinquante-trois. Signé, POTEL.

EXtraict d'vne Sentence renduë au Presidial du Chastelet de Paris, au profit des Maistres & Gouuerneurs de la Communauté des Sergens à verge dudit Chastelet, le vingt-sept Iuin 1656.

Contre Claude Fourbet, Sergent à verge audit Chastelet.

Par laquelle ledit Fourbet auoit esté condamné à payer & mettre és mains des Maistres de la Communauté la somme de deux cens liures pour les droicts de Boiste & Reception, ainsi que le contient plus au long ladite Sentence. Signé, par collation, DE LONGVEIL.

Sentence du 27 Iuin 1656, portāt Reglement, que les Sergens à verge payeront 200. liures, pour les droits de Boiste & de Reception.

PLVSIEVRS REGLEMENS.

REglemens generaux faits tant au Parlement, Requestes du Palais, Preuost de Paris, & Hostel de Ville, donnez contradictoirement auec les Huissiers de ladite Cour, & autres; Portant deffenses ausdits Huissiers, Sergens & autres Officiers de Iustice, de faire aucuns commandemens ny contraintes contre les Payeurs des Rentes de la Ville, si les Arrests & Iugemens

Reglemens generaux, portant deffenses de faire aucunes cōtraintes contre les Payeurs des Rentes, s'ils ne sont denommez és Arrests, Sentences & Iugemens du 10 Septembre 1657 ne sont donnez contradictoirement auec lesdits Payeurs, & qu'ils ne soient nommez & compris és qualitez desdits Arrests & Iugemens, sur peine de suspension de leurs Charges, & de mil liures d'amende.

Les Arrests de ladite Cour dattez des vnziéme Iuillet 1630. & cinquiéme May 1635.

Sentences dudit Chastelet des huitiéme May 1630. & trentiéme Ianuier 1632.

Sentence de l'Hostel de Ville du deuxiéme Mars 1632.

Sentence des Requestes du Palais du dixiéme Septembre 1657.

Extraict des Registres de Parlement.

Reglement contre le Bailly de S. Germain des Prez, du 24 Ianuier 1559.

ARrest de la Cour, donné au profit de la Communauté des Sergens à verge du Chastelet de Paris, le vingt-quatriéme Ianuier 1659.

Contre M. André de Brye, sieur de la Clergerie, Commis à l'exercice de la Charge du Bailly de S. Germain des Prez.

Portant que les Sergens à verge donneront toutes assignations dans le Faux-bourg Saint Germain des Prez, & par tout ailleurs, ainsi que le contient plus au long ledit Arrest.

SEntence renduë au Chastelet de Paris sur les Conclusions de Messieurs les Gens du Roy, au profit de la Communauté des Sergens à verge au Chastelet de Paris, le iour de 1659.

Reglement contre les Notaires du Chastelet du iour de 1659, portant deffenses de passer aucuns actes sans estre deux Notaires.

Contre M. Hugues le Roy, Notaire au Chastelet, & Louis Michel son Clerc.

Par laquelle est fait deffenses audit le Roy & à tous autres Notaires d'enuoyer, receuoir & passer aucuns Actes par leurs Clercs, & d'en passer aucuns s'ils ne sont deux Notaires; & pour la faute par eux commise, condamnez en l'amende & aux despens.

SEntence renduë en la Chambre Ciuile au Chastelet de Paris, le douze Nouembre 1659.

Entre les Maistres & Gouuerneurs de la Communauté des Sergens à verge au Chastelet de Paris.

Reglement du 12 Nouembre 659, contre les Frippiers & autres.

Contre la femme de Pierre Moreau, Iean Begat, & Charles Veillard, se disans pauvres Frippiers, n'ayans point de Boutiques, qui exposoient & vendoient des meubles és places publiques.

Par laquelle a esté ordonné que les Reglemens seroient executez à peine de punition & d'amende: & pour la contrauention par eux faite à iceux, que les meubles mentionnez aux Exploits & Saisies, confisquez au profit de ladite Communauté, & aux despens, nonobstant oppositions ou appellations quelconques. Signée, SAGOT.

Extrait des Registres de Parlement.

Arrest de la Cour du 12 Février 1660, portant deffenses aux Huissiers de la Cour des Aides d'executer l'Arrest du 19 Févr. 1659.

VEV par la Cour les Requestes à elle presentées les dix-neufiéme May & vingt-neufiéme Nouembre derniers par la Communauté des Sergens à verge du Roy, Iurez Vendeurs de meubles au Chastelet, Ville, Preuosté & Vicomté de Paris; demandeurs contre les Huissiers de la Cour des Aydes, deffendeurs; A ce que les demandeurs fussent receus opposans à l'execution de l'Arrest de ladite Cour des Aydes du dix-neufiéme Fevrier 1659. Permis de faire asſigner en la Cour ſur ladite oppoſition , tant les Huiſſiers de la Cour des Aydes , qu'autres qu'il appartiendroit, pour voir dire qu'ils ſeroient maintenus & gardez en leurs Priuilegez, d'Exploiter & mettre à execution tous les Arreſts & Mandemens, tant de ladite Cour des Aydes, qu'autres Iuriſdictions , en la Ville , Faux-bourgs & Banlieuë de Paris : Deffenſes auſdits Huiſſiers & tous autres d'y troubler les demandeurs , à peine de dix mil liures d'amende, deſpens , dommages & intereſts ; & cependant deffenſes auſdits Huiſſiers de la Cour des Aydes, & tous autres Sergens, de mettre ledit Arreſt du dix-neufiéme Fevrier à execution ſur les meſmes peines, ſuſpenſion de leurs Charges ; & en cas de contrauention, permis d'empriſonner les contreuenans : Ladite Requeſte du dix-neufiéme May, de l'Ordonnance de ladite Cour, communiquée à Partie, & icelle montrée au Procureur General du Roy, & depuis ſur ladite Requeſte du vingt-neufiéme Nouembre , auroit eſté ordonné que les Parties Parleroient Sommairement à Maiſtre Charles de Saueuzes, Conſeiller du Roy en icelle : Appointement à mettre par deffaut : Productions deſdits demandeurs : Sommations de deffendre & pcoduire par leſdits deffendeurs : Concluſions du Procureur General du Roy : Oüy le rapport dudit Conſeiller commis, & tout conſideré. LA COVR, a ordonné & ordonne, Commiſſion eſtre deliurée aux demandeurs , pour faire aſſigner en icelle qui bon leur semblera aux fins de ladite Requeste ; & cependant seront les Arrests & Reglemens executez. Fait deffenses d'y contreuenir, & de mettre ledit Arrest du dix-neufiéme Fevrier dernier à execution, iusques à ce qu'autrement par ladite Cour, parties oüyes, en ait esté ordonné, despens reseruez. FAIT en Parlement le douziéme Fevrier mil six cens soixante. Signé par Collation, & Controllé.

LE treiziéme desdits mois & an, fut le present signifié & baillé copie à la Communauté desdits Huissiers du Roy en sa Cour des Aydes à Paris, en parlant pour eux à Maistre de Bas l'vn d'iceux, & Syndic de ladite Communauté, troué au Palais, & à eux donné assignation à comparoir au premier iour pardeuant Nosseigneurs de la Cour de Parlement de Paris, pour proceder aux fins du present Arrest; & en outre ay fait les deffenses y mentionnées par moy Huissier en Parlement sous-signé. Ainsi signé, PREVOST.

Extraict des Registres de Parlement.

ARrest de la Cour, interuenu entre la Communauté des Sergens à verge du Roy au Chastelet, Preuosté & Vicomté de Paris, appellans tant comme de Iuges incompetans, qu'autrement,

trement, de deux Reglemens & Ordonnances renduës par les Iuges & Consuls de cette Ville, des vingt-neufiéme Aoust 1650. & quatorziéme Octobre 1652. Par la premiere desquelles lesdits Iuges Consuls ont fait deffenses à tous Sergens, autres que leurs Audianciers, de signifier aucuns Actes, Sentences, Iugemens par eux rendus depuis la premiere assignation, iusques à la Sentence diffinitiue, à peine de nullité : Et afin que ledit Reglement fust notoire & public, qu'il seroit signifié aux Maistres & Gardes des Corps des Marchands, & à tous autres, &c.

Arrest de la Cour du 2. Mars 16[illegible] portant Reglement entre les Huissiers Sergens à verge & à cheual au Chastelet de Paris, contre les Iuges & Consuls des Marchands à Paris, leurs Greffiers, Huissiers Audianciers & Officiers de la Iurisdiction Consulaire.

Et par le second Reglement & Ordonnance ils ont reïteré les deffenses portées par le premier, & ordonné que d'oresnauant nulles parties ny autres personnes fondées de Procuration ne seroient receuës à plaider pardeuant eux sur les Exploits faits par les appellans ; & ce en consideration des Seruices que leurs Audianciers leur rendent en leurs Audiances, d'vne part : Et lesdits Iuges & Consuls des Marchands à Paris ; & les Huissiers Audianciers de ladite Iurisdiction, intimez, d'autre. Et encore entre les Maistres & Procureur-Receueur & Communauté des Huissiers Sergens à cheual audit Chastelet, demandeurs en Requeste, &c. Apres plusieurs procedures, sur les Conclusions de Monsieur le Procureur General du Roy. LA COVR a receu les appellans, les parties de Guehery, interuenantes, ayant égard à leur interuention, apres la declaration des Iuges Consuls, qui ne pretendent auoir aucunes prisons, & consentent de faire mention des Huissiers Sergens à cheual dans l'adresse de leurs Sentences, A mis & met l'appellation, & ce ce dont a esté appellé, au neant; emendant, ordonne que les secondes assignations & tous autres Actes & Iugemens émanez de la Iurisdiction Consulaire pourront estre faits par les Sergens du Chastelet par concurrence auec les Audianciers des Consuls, sur l'intimation, en leurs propres & priuez noms, les parties hors de Cour; ayant égard aux Conclusions des Gens du Roy, que les Huissiers des Consuls rapporteront dans vn mois le titre de leur establissement, Sera le present Arrest leu, publié, &c. FAIT en Parlement le deux Mars mil six cens soixante. Signé, DV TILLET.

Ledit Arrest leu, publié où besoin a esté, &c.

Extraict des Registres de Parlement.

VEV par la Cour le procez criminel fait par le Lieutenant Criminel du Chastelet, à la requeste de la Communauté des Sergens à verge du Roy, Priseurs, Vendeurs de biens meubles au Chastelet, Preuosté & Vicomté de Paris, demandeurs & complaignans, le Substitut du Procureur General du Roy joint; Contre Robert André Bedeau au Bailliage de Saint Victor, prisonnier és prisons de la Conciergerie du Palais, appellant d'vne Sentence conte luy renduë le douziéme Ianuier 1660. par laquelle il auroit esté declaré deuëment atteint & conuaincu d'auoir arresté & emprisonné és prisons du Fort-Leuesque le nommé Preuost, sans pouuoir ny pieces; pour reparation de quoy condamné à faire amende honorable nud en chemise, la torche au poing, la corde au col, au Parc Ciuil du Chastelet, l'Audiance tenant; & là estant nud teste, & à genoux, dire & declarer à haute & intelligible voix, Que faussement & méchamment il a fait ledit emprisonnement sans pouuoir ny pieces, dont il se repentiroit, demanderoit pardon à Dieu, au Roy, & à Iustice; ce fait, banny pour cinq ans de la Ville, Preuosté & Vicomté de Paris; à luy enjoint de garder son ban, à peine de la hard; condam-

Arrest de la Cour du 4. Mars 1660. portant Reglement cõtre les Bedeaux, & autres officiers des Bailliages.

né en quatre-vingts liures parisis d'amende enuers le Roy; & outre pareille somme d'aumosne, applicable aux couuertures des prisonniers du grand Chastelet, & és despens du procez, à taxer: Et faisant droict sur les Conclusions du Procureur du Roy, deffenses estoient faites à tous Huissiers, Bedeaux & autres Officiers des Bailliages, de faire aucuns Exploits, Significations, Emprisonnemens ny Actes de Iustice dans Paris & hors leur Ressort, à peine de la vie, à ce que nul n'en pretende cause d'ignorance, & la Sentence leuë & publiée à son de Trompe & cry public par les Carrefours de cette Ville, & affichée aux lieux & endroits accoustumez; Et oüy & interrogé en ladite Cour ledit prisonnier sur sa cause d'appel, & cas à luy imposez: Tout consideré: DIT A ESTE', Que ladite Cour a mis & met l'appellation & Sentence, de laquelle a esté appellé, au neant; émendant, apres que ledit Robert André pour ce mandé en la Chambre, a esté admonesté, luy fait deffenses de rescidiuer, ny de mettre à execution aucun Acte de Iustice, que ceux decernez par le Bailly de Saint Victor son Iuge, sur telle peine qu'au cas appartiendra; le condamne aumosner au pain des pauures prisonniers de la Conciergerie du Palais la somme de vingt-quatre liures parisis, & és dépens du procez. FAIT en Parlement, & prononcé audit André, pour ce, atteint au Guichet des prisons de la Conciergerie du Palais; lequel a consigné au

Greffe de la Cour ladite somme de trente livres tournois, le quatriesme Mars mil six cens soixante. Signé,

LE *huitiéme Mars mil six cens soixante, fut le present signifié & baillé copie à Maistre Clement le jeune Procureur. Signé,* PREVOST.

Extraict des Registres de Parlement.

ARrest de la Cour, donné au profit de la Communauté des Sergens à verge au Chastelet, le seiziéme Mars 1660.

Contre les Frippiers de la Ville & Faux-bourgs de Paris.

Par lequel est permis aux pauures Frippiers, qui n'ont point de boutique ouuerte, de vendre dans les Marchez & places publiques les petites hardes & menus meubles qu'ils pourroient porter sous leurs bras seulement.

Reglement du 16 Mars 1660, contre les Frippiers.

Extraict des Registres de Parlement.

Autre Arrest de ladite Cour du 29. May 1660, portant Reglement contre les Huissiers de la Preuosté de l'Hostel.

ENTRE Bon Lagneau, Huissier en la Preuosté de l'Hostel du Roy, & grande Preuosté de France, appellant de l'emprisonnement fait de sa personne és prisons du Fort-Leuesque, à la requeste des deffendeurs cy-apres nommez, & demandeur en Requeste du iour du present mois de May, à ce qu'il pleust à ladite Cour ordonner qu'il seroit eslargy & mis hors desdites prisons à sa caution juratoire, à ce faire le Geollier contraint par corps, nonobstant oppositions ou empeschemens, & appellations quelconques, ce faisant deschargé, & les deffendeurs condamnez aux despens, d'vne part: Et la Communauté des Sergens à verge du Roy, Iurez Priseurs Vendeurs de meubles au Chastelet, Ville, Preuosté & Vicomté de Paris, intimez, deffendeurs & demandeurs en execution de l'Arrest de la Cour du vingt-troisiéme Nouembre 1577. & autre Arrest & Reglement donnez en consequence, d'autre. Apres que Billart Aduocat de l'appellant, demandeur & deffendeur; & Rauiere Aduocat des intimez, deffendeurs & demandeurs, ont communiqué au Parquet des Gens du Roy, & par leurs aduis, demeurez d'accord de l'Appointement qui ensuit: APPOINTE' EST,

Oüy ſur ce le Procureur General du Roy, Que la Cour ſur ledit appel a mis & met les parties hors de Cour & de procez : Ordonne que ledit Arreſt dudit iour vingt-troiſiéme Nouembre 1577. & autres donnez en conſequence, ſeront executez ſelon leur forme & teneur; Fait deffenſes iteratiues d'y contreuenir; Condamne l'appellant pour la contrauention en vne amende de huit liures pariſis d'amende; Et en conſequence ayant aucunement égard à la Requeſte, Ordonne que ledit Lagneau ſera élargy & mis hors deſdites priſons, à ce faire le Geollier contraint par corps, nonobſtant oppoſitions, appellations & empeſchemens quelconques, ce faiſant deſchargé. FAIT en Parlement le vingt-neufiéme May mil ſix cens ſoixante. ET le trentiéme dudit mois de May ledit Arreſt prononcé audit Lagneau, atteint au Guichet des priſons du Fort-Leueſque, apres qu'il a fait eſlection de domicile en la maiſon de Maiſtre Pierre Giry le jeune Procureur en Parlement, ſize ruë des Poiteuins, Parroiſſe Saint André des Arcs. Signé, par Collation.

Sentence renduë en la Chambre Criminelle au Chastelet de Paris, seruant de Reglement du 12. Octobre 1660.

Sentence du douze Octobre 1660, portant Reglement contre le nommé Louis Marcelly, soy-disant Bedeau de la Iustice de Charonne: Et les Sergens à verge & à cheual seront tenus de mettre vn Tableau dans la Salle du Presidial, de leurs noms & le lieu de leurs residences.

A TOVS ceux qui ces presentes Lettres verront, Pierre Seguier, Cheualier, Marquis de Saint Brisson, Seigneur des Ruaux & de Saint Firmain, Conseiller du Roy, Gentilhomme ordinaire de sa Chambre, & Garde de la Preuosté, & Vicomté de Paris, Salut: Sçauoir faisons, Que veu le procez criminel meu & pendant en Iugement deuant Nous, Entre la Communauté des Sergens à verge du Roy, Iurez Priseurs, Vendeurs de meubles au Chastelet, Ville, Prevosté & Vicomté de Paris, & anciens Ressorts dudit Chastelet, demandeurs & complaignans, le Procureur du Roy joint: La Communauté des Huissiers Sergens à cheual du Roy audit Chastelet, interuenans; Et Louis Marcelly, soy-disant Bedeau de la Iustice de Charonne; defendeur & accusé, prisonniers és Prisons dudit Chastelet; Conclusions sur ce prises & baillées par le Procureur du Roy, auquel le tout a esté montré & communiqué; Aprés que ledit Marcelly a esté d'abondant oüy & interrogé en la Chambre du Conseil sur les faicts resultans du procez, & cas à luy imposez. NOVS disons, par deliberation du Conseil: Oüy sur ce le le Procureur du Roy, que ledit Marcelly eſt declaré deuëment atteint & conuaincu d'auoir, ſous pretexte de la qualité qu'il s'attribuë de Bedeau de Charonne, exploité hors de ſadite Iuriſdiction, pris fauſſement la qualité d'Huiſſier Royal, meſme fait vente de meubles, ſans aucun pouuoir; pour reparation dequoy, condamné à comparoir en la Chambre du Conſeil, & là eſtre blaſmé, en preſence des Maiſtres deſdites Communautez; deffenſes à luy de reſcidiuer, à peine de la vie; Condamné en outre en vingt-quatre liures pariſis d'amende enuers le Roy, pareille ſomme de reparation envers la Communauté deſdits Sergens à verge, & aux dépens: Et faiſant droit ſur les Concluſions du Procureur du Roy, pour obvier, tant aux fauſſetez, qu'enleuement de meubles, & autres abus qui ſe commettent journellement par leſdits ſoy-diſans Officiers, quoy que ſans pouuoir, & inconnus pour la pluſpart; Que les Arreſts & reglemens rendus entre leſdits Huiſſiers ou Sergens, tant à verge qu'à cheual, & autres Officrers, ſeront executez; Ce faiſant, enjoignons auſdits Maiſtres de Communauté, tant deſdits Sergens à verge, que des Huiſſiers à cheual, de mettre inceſſamment chacune deſdites Communautez vn Tableau dans la Salle du Preſidial de ce Siege, dans lequel ſera eſcrit autant de noms, ſurnoms, & dattes de leurs receptions. Et à l'égard des Huiſſiers à cheual, le lieu de leur reſidence; Seront pareillement tenus tous Baillifs, Preuosts, Chastelains, & autres Iuges, tant Royaux que Subalternes, dépendans de ce Siege, de faire mettre pareillement dans leur Auditoire vn Tableau, contenant le nombre qu'ils doiuent auoir de Sergens ou Bedeaux en ladite Iustice, & y residens; ensemble leurs noms & surnoms, & celuy d'entr'eux qui aura esté pourveu par le Roy de l'Office de Priseur, Vendeur de biens en ladite Iustice, si aucune y a. Faisons deffenses, à peine de faux, à tous Sergens & Archers, de quelque qualité & condition qu'ils puissent estre, d'exploiter dans cette Ville, Preuosté & Vicomté, de plus mettre dans leurs Exploits, *Fait par moy Sergent sous-signé*, non plus que, *Parlant au nommé en mon Original*; ains seront tenus de mettre leurs qualitez, & lieu de leur Iustice & residence; ensemble les noms de ceux à qui ils auront parlé, & de cotter l'heure deuant ou apres midy; & en cas de refus, en faire mention. Enjoignons pareillement à tous soy-disans Huissiers, Sergens ou Archers des autres Bailliages, Seneschaussées, Monnoyes, Eaux & Forests, Admirauté, & autres generalement quelconques, qui sont appellez par leurs fonctions à la Campagne, ou autres lieux hors cette Ville de Paris, d'en vuider dans vn mois pour tout delay; à compter du jour de la publication des presentes, à peine d'estre arresté prisonnier ledit mois passé : Et sera la presente Sentence leuë & publiée à son de Trompe & cry public, & affichée par les Carrefours & lieux accoustumez de cette Ville, Faux-bourgs & Banlieuë; & coppies d'icelle envoyées à tous les Bailliages & Preuostez de ce Ressort, à la diligence des Maistres & Gouuerneurs desdits Sergens à verge & à cheual, ausquels enjoignons d'y tenir la main. En témoin de ce, Nous auons fait sceller ces presentes. Ce fut fait & prononcé en la presence dudit Louis Marcelly dans le Greffe Criminel dudit Chastelet, où il a esté fait venir de sa prison, en presence des Maistres des Communautez, tant à verge qu'à cheual, le Mardy douziéme Octobre mil six cens soixante Signé, LVCE, Et scellé.

Sentence renduë en la Chambre Criminelle au Chastelet de Paris.

A Tous ceux qui ces presentes Lettres verront, Pierre Seguier, Cheualier, Marquis de Saint Brisson, Seigneur des Ruaux & de Saint Firmain, Conseiller du Roy nostre Sire, Gentilhomme ordinaire de sa Chambre, & Garde de la Preuosté de Paris; Salut. Sçauoir faisons, Que sur ce qui Nous

Sentence renduë en la Chambre Criminelle, au Chastelet de Paris, du 22. Decembre 1660. portant Reglement, tant pour la Police, que pour le payement des droits de Boiste & de Reception.

a esté remonstré par le Procureur du Roy, Qu'encore que par Chartre du mois de Iuin 1405, il ait esté creé par le Roy, quatre Maistres & Gouuerneurs de la Communauté des Sergens à verge en cette Cour, dont doit estre esleu deux chacune année, par la pluralité des voix, pour receuoir nos Ordres, & les faire executer par lesdits Sergens, ausquels par plusieurs, Sentences, Arrests & Reglemens, il a esté enjoint de porter honneur & respect, & leur obeïr, Notamment par nos Sentences des quinze Avril 1663, dix-neuf Fevrier 575, neuf Iuillet 1636, vingt-deux Ianvier 1646. Lesquelles pour la des-obeïssance faite par aucuns desdits Sergens, aux commandemens desdits Maistres, ils ont esté condamnez en des amendes enuers le Roy & ladite Communauté; permis ausdits Maistres, en cas de rescidiue, de les emprisonner. Neantmoins il a receu diuerses plaintes des Maistres & Gouuerneurs de ladite Communauté, de presens en charges, qu'aucuns desdits Sergens, non seulement méprise de leur obeïr, & de rendre le seruice qu'ils Nous doiuent & à la Police, en execution de nos Ordres. Mais, passant plus outre, les injurient, & disent plusieurs paroles contre l'honneur deub à leur Charge, ainsi qu'il est arriué les seize & dix-huit de ce mois, en la personne de Thomas Ride, l'vn desdits Maistres, iusques dans le Chastelet, par Nicolas Thomas, l'vn desdits Sergens; Contre lequel ladite Communauté a eu diverses instances & procez, pour auoir par ledit Thomas manqué au seruice & montre, & fait des Assemblées illicites; pour raison dequoy il a esté condamné en des amendes, & permis ausdits Maistres de l'emprisonner : Et dautant que si tel desordre estoit toleré, le seruice du Roy & la Police demeureroit : Requiert estre par Nous pourveu : Apres auoir oüy le Gay, Robert Auise, Iean le Gand, & ledit Ridé, à present Maistres Gouuerneurs d'icelle Communauté en leurs plaintes, en la presence dudit Thomas, pour ce mandé en la Chambre. NOVS DISONS, oüy sur ce, & ce requerant le Procureur du Roy, Qu'injonction iteratiue est faite audit Thomas, & à tous autres Sergens, de porter honneur & respect ausdits Maistres de Communauté, & leur obeïr, à peine de quarante-huit livres parisis d'amende, que Nous declarons dés à present encouruë contre chacun des contreuenans : & en cas de rescidive, de prison : Lesquels Maistres ne pourront prendre de ceux qui se presenteront pour estre receus ausdits Offices plus grande somme que celle de deux cens trois livres; & afin que nul n'en ignore, sera la presente Sentence leuë & publiée, & affichée aux Barrieres desdits Sergens, & lieux que besoin sera, & executé, nonobstant oppositions ou appellations quelconques, faites ou à faire; pour lesquelles, sans prejudice d'icelles, ne sera differé. En témoin dequoy, Nous auons fait seeller ces presentes : Ce fut fait & donné par

Messire Iacques Tardieu, Conseiller d'Estat, Seigneur de Chastillon, & autres lieux, Lieutenant Criminel en la Ville, Preuosté & Vicomté de Paris, le Mercredy vingt-deuxiéme iour de Decembre mil six cens soixante. Signé, L V C E. Et scellé.

Extraict des Registres de Parlement.

Arrest de la Cour du 3. Sept. 1641. portant Reglement cõtre les Greffiers des Cõsuls.

VEV par la Cour la Requeste presentée par la Communauté des Sergens à verge au Chastelet de Paris, le douziéme Aoust dernier, contre Maistre Germain le Verrier, Greffier des Consuls de cette Ville, & les Huissiers de ladite Iurisdiction Consulaire, deffendeurs; à cequ'il fust ordonné que l'Arrest du 2. Mars 1660. seroit executé; Deffenses d'y contreuenir; ce faisant les Greffiers desdits Consuls tenus de déliurer aux Parties &

premieres perſonnes requerantes les Ordonnances de ſecondes Aſſignations & autres Actes, à peine de deux mil liures d'amende, pour laquelle en cas de contrauention, il ſeroit permis empriſonner les contreuenans; & ſeroit leu, publié & affiché par tout où beſoin ſera, & leſdits deffendeurs condamnez aux deſpens: Sur laquelle Requeſte auroit eſté ordonné que les parties parleroient ſommairement à Maiſtre Charles de Saveuſes, Conſeiller du Roy en ladite Cour; Deffenſes dudit le Verrier; Repliques; Appointemens à mettre; Productions des Supplians & dudit le Verrier; Sommations de deffendre & produire par leſdits Huiſſiers des Conſuls: Oüy le Rapport dudit Conſeiller, Tout conſideré. LADITE COVR, ayant égard à ladite Requeſte, a ordonné & ordonne, que leſdits Arreſts ſeront executez, fait iteratiues deffenſes d'y contreuenir; Ce faiſant, leſdits Greffiers des Conſuls tenus de délivrer aux parties requerantes les Ordonnances de ſecondes aſſignations & autres actes, à peine de mil livres d'amende; Condamne les defendeurs aux deſpens. FAIT en Parlement le troiſiéme Septembre mil ſix cens ſoixante-vn. Signé, par collation, DV TILLET.

LE ſixieſme Septembre mil ſix cens ſoixante-vn, à la requeſte & ſur le requiſitoire de Iean le Gand, Thomas Ridé, André le Grand & Georges Sirou, à preſent Maiſtres & Gouuerneurs de la Communauté desdits Sergens à verge du Chastelet de Paris, le present Arrest a esté signifié & baillé copie à Maistre Germain Verrier, Greffier des Consuls, tant pour luy que pour les autres Greffiers, parlant à sa personne, en son Greffe, & aux Audianciers de ladite Iurisdiction, parlant pour tous à Alloüel, l'vn desdits Audianciers, en leur Bureau des Consuls, à ce qu'ils n'en ignorent, par moy Huißier en Parlement, sous-signé. Signé, LE BRETON.

SEntence en forme de Reglement, renduë en la Chambre Criminelle au Chastelet de Paris, interuenuë sur les Remontrances des Maistres & Gouuerneurs de la Communauté des Sergens à verge au Chastelet de Paris, le troisiéme Iuin 1661.

Reglement du 3. Iuin 1661. portant que les

Par laquelle est ordonné que les Sergens, tant des Barrieres, qu'autres ausquels l'on auroit parlé &

& porté des billets, ſeront tenus de ſe rendre en la Chambre Criminelle à l'heure portée par leſdits billets, & ordonné que faute de ſe mettre à leur deuoir, dés à preſent condamnez en chacun huit liures pariſis d'amende, payable ſans déport, applicable moitié à l'Hoſpital general, & l'autre moitié à leurs Confreres qui auront aſſiſté; Ce qui ſera executé nonobſtant oppoſition ou appellation quelconque.

Sergens ſeront tenus de ſe rendre à la Chambre Criminelle, ſuiuant les Mãdemens des Maiſtres de Cõmunauté.

Sentence renduë en la Chambre Criminelle, au Chaſtelet de Paris.

Sentence rẽduë en la Chambre Criminelle au Chaſtelet de Paris, qui declare nulle vne ſignification d'vn Acte de Tranſaction paſſée pardeuãt Notaires du Chaſtelet, faite par vn Huiſsier du Grenier à Sel de Paris, auec amende & dépens.

A Tovs ceux qui ces preſentes Lettres verront, Pierre Seguier, Cheualier, Marquis de Saint Briſſon, Seigneur des Ruaux & de Saint Firmain, des grand & petit Raincy, Leſtang la Ville, & autres lieux, Conſeiller du Roy, Gentilhomme ordinaire de ſa Chambre, Meſtre de Camp d'vn Regiment de Caualerie, entretenu pour le Seruice de ſa Majeſté, & Garde de la Preuoſté, & Vicomté de Paris, Salut : Sçauoir faiſons, Que ſur la Requeſte faite en Iugement deuant Nous en la Chambre Criminelle du Chaſtelet de Paris, par Maiſtre Pierre Barangue Procureur des Maiſtres & Gouuerneurs de la Communauté des Sergens à verge du Chaſtelet de Paris, demandeurs aux fins de l'Exploit fait à leur requeſte, par Poupin Sergent, le huitiéme Nouembre dernier, à l'encontre de Maiſtre François Mullot Procureur de Petit, ſe diſant Huiſſier du Roy, ſous-ſigné, deffendeur; parties oüyes. Lecture faite de l'acte en forme de Declaration & Obligation paſſée entre Maiſtre Pierre Carton, & Maiſtre René Hauart pardeuant le Boucher & de Saint Vaaſt Notaires, le vingt-ſixiéme Ianuier 1660. ſignifié par ledit Petit, ſoy-diſant Huiſſier du Roy, ſous-ſigné, à Maiſtre Simon Taillandier, le premier Septembre 1661. des Sentences, Reglemens & Arreſts, par leſquels deffenſes ſont faites à tous eux diſans Huiſſiers du Roy, d'exploiter le Seellé du Chaſtelet, à peine de nullité, deux cens liures d'amende, priſon, des dommages & intereſts des parties dudit Exploit ſus-datté, & autres pieces des parties: Oüy Maiſtre le Pelletier Aduocat du Roy en ſes Concluſions; NOVS AVONS ledit Exploit de Signification du premier Septembre 1661. declaré, & iceluy declarons nul, & en conſequence condamnons ledit Petit aux dommages & intereſts des parties, luy faiſant deffenſes & à tous autres, de plus faire d'Eploits de ſignification d'Actes paſſez pardeuant Notaires du Chaſtelet, ny de mettre aucunes Sentences ou Ordonnances du Seellé dudit Chaſtelet à execution, à peine de faux, d'eſtre declaré encouru des amendes portées par leſdites Sentences, Reglemens & Arreſts, nullité des Exploits, de priſon, des dommages &

interefts des parties; Et pour la faute par luy commiſe, l'auons condamné en vingt-quatre liures pariſis d'amende, applicable, ſçauoir, moitié au pain des Priſonniers du grand Chaſtelet; & l'autre moitié à ladite Communauté des Sergens à verge; Et ſi condamnons ledit Petit aux deſpens. En témoin de ce, Nous auons fait ſeeller ces preſentes. Ce fut fait & donné par Meſſire Iacques Tardieu, Conſeiller du Roy en ſes Conſeils d'Eſtat & Priué, & Lieutenant Criminel de ladite Ville, Preuoſté & Vicomté de Paris, tenant le Siege, le Mercredy douziéme iour de Decembre mil ſix cens ſoixante-trois. Signé, LVCE, & ſeellé.

Extraict des Regiſtres de Parlement.

ARreſt de la Cour, donné au profit de la Communauté des Sergens à verge au Chaſtelet, le trente Decembre Mars 1663.

Contre Pierre Mauſel, dit la Vallée, Archer du Preuoſt general des Monnoyes.

Par lequel ſur les Concluſions de Monſieur le Procureur General du Roy, auoir eſté fait deffenſes audit Mauſel & tous autres d'exploiter, ny faire aucune contrainte en vertu des Ordonnan-

Arreſt de la Cour du 30. Dec. 1663, portant Reglement cõtre les Archers des Monnoyes.

ces de Iuſtice, à peine de faux, & de punition exemplaire, & a declaré les Exploits par luy faits nuls, & de grace, condamné en huit liures pariſis d'amende, & aux dépens. Signé, DV TILLET.

Ledit Arreſt leu, publié & affiché, &c.

Extraict des Regiſtres de Parlement.

Arreſt de ladite Cour du 18 Fev. 1664 portant Reglement cōtre les Sergens à cheual.

ENTRE Claude Carpentier, Sergent à verge au Chaſtelet de Paris, Ampliataire, appellant de l'empriſonnement fait de ſa perſonne à la requeſte des intimez, & demandeur en Requeſte du quinziéme Ianuier 1663, à ce qu'entr'autres choſes; que par maniere de prouiſion, & ſans prejudice aux droicts des parties au principal, que la ſomme de deux cens cinquante liures par luy conſignée és mains de Tourte Huiſſier au Conſeil luy ſoit renduë & reſtituée, à ce faire iceluy Tourte contraint par toutes voyes deuës & raiſonnables, meſme par corps, nonobſtant oppoſitions ou appellations quelconques, ce faiſant déchargé, d'vne part: Et les Maiſtres, Procureur Receueur de la Communauté des Huiſſiers Sergens à cheual audit Chaſtelet, intimez & deffendeurs; Et encore entre les Maiſtres Gouuerneurs de la Communauté des Sergens à verge au Chaſtelet de Paris, ſeuls Priſeurs & Iurez Vendeurs de biens meubles en cette Ville, Preuosté & Vicomté de Paris, demandeurs en Requeste par eux presentée à la Cour le vingt-quatriéme dudit mois de Ianuier, à ce qu'ils fussent receus parties interuenantes en ladite Instance, faisant droict sur ladite interuention, leur donner acte de ce qu'ils prennent le faict & cause dudit Carpentier, & en consequence appellans dudit emprisonnement, & cependant que ledit Carpentier demeureroit eslargy, & que la somme par luy consignée luy sera renduë & restituée, & que l'emprisonnement sera declaré injurieux, l'escrouë rayé & biffé, auec deffenses de plus vser de telles voyes, & lesdits Huissiers à cheual condamnez aux despens, dommages & interests, d'vne part : Et lesdits Maistres, Procureur Receueur de la Communauté des Huissiers à cheual, deffendeurs & intimez, d'autre. Et lesdits Maistres, Procureur Receueur de ladite Communauté des Huissiers à cheual, demandeurs en Requeste du seiziéme Ianuier 1663. tendante à ce qu'il fust ordonné que ladite somme de deux cens cinquante liures consignée par ledit Carpentier és mains dudit Tourte, leur sera baillée & déliurée, nonobstant l'opposition formée par ledit Carpentier, dont il sera debouté, à ce faire ledit Tourte contraint comme depositaire, quoy faisant déchargé ; Que les Edicts, Arrests & Reglemens faits & donnez pour les demandeurs seront executez selon leur forme & teneur, & conformement à iceux, que deffenses seront faites audit Carpentier & à tous autres d'exploiter & faire l'exercice de leurs Charges hors la Preuosté de Paris, ny prendre la qualité d'Huissiers, à peine de deux cens liures parisis contre les contreuenans, d'vne part: Et ledit Carpentier, deffendeur, d'autre. Et encore lesdits Maistres Gouuerneurs de ladite Communauté des Sergens à verge, demandeurs en autre Requeste du vingt Avril dernier, tendante à ce qu'en prononçant sur l'appel de l'emprisonnement dudit Carpentier, & Requeste dont estoit question, Ordonner que l'Edit du mois d'Avril 1544. Arrest de confirmation du huictiéme May ensuiuant: Et les Arrests du cinquiéme Septembre 1587. seiziéme Ianuier & trentiéme Mars 1588. seront executez, & en consequence que les deffendeurs qui ne sont du nombre des soixante qui doiuent resider en la Ville, Preuosté & Vicomté de Paris, seront tenus dans tel temps qu'il plaira à la Cour vuider hors ladite Ville, Preuosté & Vicomté de Paris, & faire leur residence és Bailliages & Presidiaux de France, suiuant & au desir desdits Edits, & pour la contrauention faite par lesdits deffendeurs qu'ils seront condamnez en telle amende qu'il plaira à la Cour arbitrer, & aux dommages & interests resultans de leur entreprise; & iusques à ce qu'ils ayent obey, qu'il sera permis aux demandeurs d'exploiter tous Mandemens de Iustice, Contracts, Obligations hors ladite

Preuoſté & Vicomté de Paris, & condamnez en leurs dommages & intereſts, demandeurs d'vne part : Et leſdits Maiſtres, Procureur Receueur de ladite Communauté des Huiſſiers à cheual, deffendeurs; & demandeurs en Requeſte du cinquiéme iour de May enſuiuant, tendante à ce qu'il fuſt ordonné que les Arreſts énoncez en ladite Requeſte, ſoient executez ſelon leur forme & teneur; ce faiſant debouter les deffendeurs de ladite Requeſte du trentiéme Avril dernier, ſinon & où la Cour trouueroit que leſdits deffendeurs doiuent ioüyr de l'Ampliation; Ordonner que l'Edict de 1587. fait en faueur des demandeurs, ſera executé; & en conſequence, Ordonner que les demandeurs feront les Priſées d'Inuentaires & Ventes des biens meubles auec leſdits deffendeurs, ainſi que leſdits demandeurs en ont fait depuis ledit Edit en tout le Royaume, & outre les deffendeurs condamnez aux deſpens, deffendeurs d'vne part; Et leſdits Maiſtres Gouverneurs de la Communauté des Sergens à verge, deffendeurs, d'autre, & demandeurs en autre Requeſte du ſeptiéme Decembre dernier, tendante à ce qu'ils fuſſent receus appellans, en adherant de l'injurieux empriſonnement fait de la perſonne de Iean Baptiſte Heruieux, auſſi Sergent à verge, tenus pour bien releuez, permis faire intimer qui bon leur ſemblera, ſur lequel enſemble ſur les precedentes appellations, les parties ſe pouruoiront à l'Ordinaire,

& cependant deffenſes iteratiues aux deffendeurs d'vſer de telles voyes en conſequence, que ſans prejudice des droicts des parties au principal, que la ſomme de vingt-quatre liures exigée dudit Heruieux ; luy ſera renduë & reſtituée, à ce faire, les deffendeurs contraints par corps, meſme tenus les deffendeurs de faire leur aſſemblée en la Cour du Palais, deffenſes de plus s'attrouper dans celle du Chaſtelet, comme ils font depuis peu, & outre condamnez en tous les dommages & interests pour la contrauention aux Edicts & Arreſts de la Cour, & en telle amende qu'il plaira à ladite Cour, d'vne part ; Et leſdits Maiſtres, Procureur Receueur de la Communauté des Huiſſiers à cheual au Chaſtelet, deffendeurs, d'autre : Sans que les qualitez puiſſent prejudicier. Apres que Pouſſet, pour ledit Carpentier, a demandé la reception de l'appointement aduiſé au Parquet des Gens du Roy ; & que Iſallis pour la Communauté des Huiſſiers à cheual a eſté oüy, enſemble Talon pour le Procureur General du Roy. LA COVR Ordonne que l'Appointement ſera receu, & conformement à iceluy, que les parties auront audiance ſur le tout au premier iour, & cependant ſans prejudice de leurs droits au principal, l'amende conſignée ſera renduë à la partie de Pouſſet, à ce faire ledit Tourte contraint comme depoſitaire, nonobſtant toutes oppoſitions ; deffenſes auſdits Huiſſiers à cheual de plus empriſonner. FAIT en Parlement le

dix-

dix-huitéme Fevrier mil six cens soixante-quatre. Signé, DV TILLET.

Extraict des Registres de Parlement.

ARrest de ladite Cour, donné au profit de la Communauté des Sergens à verge au Chastelet de Paris, le quatorziéme Iuillet 1664.

Contre les Huissiers de la Chambre du Tresor, à Paris.

Apres que Monsieur Talon a esté oüy pour Monsieur le Procureur General du Roy, en ses Conclusions, A ESTE' DIT, Que lesdits Sergens à verge, pourroient mettre à execution les Iugemens & Sentences en forme, de ladite Chambre du Tresor, hors l'enclos du Palais, ainsi qu'il est plus au long porté par ledit Arrest.

Reglement du 14 Iuillet 1664, contre les Huissiers du Tresor.

Extraict des Registres de Parlement.

Arrest de la Cour du 2. Ianuier 665. qui enjoint aux Sergens qui ne sont point des Iuridictions de Paris, de resider dans les lieux où ils doivent le Service, auec deffenses d'exploiter ailleurs, à peine de faux, d'amende & de prison.

VEV par la Cour, la Requeste presentée par le Procureur General du Roy, Contenant qu'encores que par les Edicts & Declarations verifiées en la Cour; Arrests & Reglemens d'icelle, concernant les Huissiers, Sergens & Archers, les lieux de leurs residances ayent esté expressément limitez, auec deffenses à eux de s'establir en autres lieux qu'en ceux qui leur sont assignez par les Edicts de leurs creations; neantmoins depuis quelques années plusieurs Huissiers, Sergens, Archers, & autres pretendans auoir droict d'exploiter, qui ont leurs residances en diuers endroits du Ressort de la Cour, se sont venus establir & resident en cette Ville de Paris, & au prejudice desdits Edicts, Arrests & Reglemens, font indifferemment toutes sortes d'Exploits & Significations, ce qui cause vn grand desordre & beaucoup de contestations & procez, tant à l'égard des parties, ausquels sont faits les Exploits, Significations, qui les debattent de nullité, & bien souuent de fausseté; Qu'à l'égard des Huissiers de la Cour & autres Iurisdictions de cette Ville, qui se plaignent journellement des entreprises, & du trouble qui leur est fait en la fonction de leurs Charges par lesdits Sergens, Archers, & autres qui ont quitté le lieu de leur residance, où ils doiuent demeurer par leur establissement, se sont ainsi nouuellement establis au mépris desdits Edicts, Arrests & Reglemens; requerant y estre pourueu: Oüy le rapport de Maistre Charles Benoise Conseiller du Roy: tout consideré: LADITE COVR A ordonné & ordonne, que lesdits Edicts, Declarations, Arrests & Reglemens d'icelle, seront executez selon leur forme & teneur, Ce faisant enjoint à tous Huissiers, Sergens, Archers & autres, pretendans auoir pouuoir d'exploiter, residans en cette Ville de Paris, autres que ceux exceptez par lesdits Edits & Declarations, de se retirer incessamment dans les lieux de leurs establissemens, où ils doiuent le seruice; leur fait iteratiues deffenses de resider ny exploiter en cette Ville de Paris, & à tous Huissiers & Sergens, de faire aucuns Exploits, Significations & Contraintes sous le titre d'Huissier, sous-signé, leur enjoint de remplir leurs Exploits & procez verbaux leurs veritables qualitez, & le lieu auquel ils sont Officiers, à peine de nullité, & de faux, cent liures d'amende, dont sera delivré executoire, moitié au pain des pauures prisonniers de la Conciergerie du Palais, l'autre au grand Hospital; au payement de laquelle ils seront contraints: Fait aussi deffenses ausdits Huissiers, Sergens & Archers, de faire aucuns Exploits pendant qu'ils demeureront hors de leur residence, & ailleurs que dans l'estenduë d'icelle; sur les peines ſuſdites, & de faux : & en cas de contrauention, permet d'empriſonner les contreuenans, en vertu du preſent Arreſt, qui ſera leu, publié & affiché à ſon de trompe & cry public par tout où beſoin ſera ; à ce qu'aucuns n'en pretendent cauſe d'ignorance. FAIT en Parlement le deuxiéme Ianuier 1665. Collationné.

Leu, publié & affiché par les carrefours & places publiques de cette Ville de Paris, par moy Iuré Crieur, ſous-ſigné, aſſiſté de trois Trompettes, le Ianuier mil ſix cens ſoixante & cinq. Signé, CANTO.

Ordonnance de la Chambre Criminelle au Chaſtelet de Paris.

Ordonnance de Police, du premier Sept. 1665. pour la Chambre Criminelle.

SVR ce qui Nous a eſté remontré par les Maiſtres & Gouuerneurs de la Communauté des Sergens à verge du Chaſtelet de Paris, que ceux deſdits Sergens qui ſont obligez de ſe rendre prés de Nous pour nous faire ſeruice à la Chambre Criminelle, & d'aſſiſter aux Executions, ſuiuant les Billets à eux portez de l'ordre deſdits Maiſtres par le Clerc de ladite Communauté, negligent de ſe mettre en leur deuoir, quelque diligence qu'ils y puiſſent apporter. SVRQVOY, Oüy le Procureur du Roy, auons ordonné que dés à preſent & à l'auenir leſdits Sergens à verge à qui on aura porté des Billets ſignez deſdits Maiſtres, seront tenus de ſe rendre és lieux & heures qui leur ſeront deſignez par leſdits Billets, leſquels ils feront certifier par leſdits Maiſtres de Communauté par chacune ſemaine; & comme quoy ils auront fait ledit ſeruice en noſtredite Chambre Criminelle, à peine de ſeize livres pariſis d'amende contre chacun des contreuenans, & pour chacune contrauention, à quoy nous les condamnons, payable ſans deport, & par corps, aplicable; Sçauoir, moitié à ladite Communauté, & l'autre moitié aux Sergens qui auront fait ledit ſeruice, deſquelles amendes leurs Charges demeureront garentes; Ce qui ſera executé, nonobſtant oppoſitions ou appellations quelconques, & ſans prejudice d'icelles, pour leſquelles ne ſera differé. FAIT & ordonné le premier jour de Septembre mil ſix cens ſoixante-cinq. Signé, FERRAND.

Extraict des Regiſtres de Parlement.

ENTRE la Communauté des Huiſſiers de la Cour, demandeurs en Requeſte par eux pre- Arreſt de la Cour du 16. Avril

1666, portant Reglement auec les Huissiers d'icelles, pour le fait faict des meubles.

sentée en icelle le quinze du present mois d'Avril, à ce qu'ils soient maintenus & gardez au droit qu'ils ont d'executer les Arrests de la Cour en cette Ville & Ban-lieuë, à l'exclusion de tous Huissiers & Sergens; Ce faisant les receuoir opposans à l'execution de l'Arrest de la Cour, du du treiziéme du present mois & an, en ce que par iceluy il est ordonné, que la vente des meubles de Nicolas Marchand & sa femme, Maistre Potier d'estain à Paris, condamné à mort, seroit faite par Bremen, Sergent à verge au Chastelet de Paris, & faisant droit sur ladite opposition, il fust dit que la vente desdits meubles seroit faite par l'vn des Huissiers de la Cour, tel qu'il plairoit à la Cour commettre, sauf à celuy qui seroit nommé par ladite Cour, de se faire assister d'vn Sergent à verge, autre que ledit Bremen, d'vne part; Et Iean Bremen Sergent à verge au Chastelet de Paris, interuenant, & joint auec ledit Bremen; & encore ledit Marchand, interuenant aux fins d'empescher que la vente de leurs meubles fust faite, ou du moins qu'il fust surcis à icelle, sous les offres de payer ce qui se trouueroit deub aux interessez opposans au scellé apposé en sa maison; d'autre part; Et ladite Communauté des Huissiers de la Cour; deffendeurs, d'autre; sans que les qualitez puissent prejudicier; Apres que Abraham, pour la Communauté des Huissiers de la Cour; Guehery, pour Breman; Et la Communauté des Sergens à verge; Guyot, pour ledit Marchand, ont esté ouys; ensemble Talon, pour le Procureur General du Roy. LA COVR, sur l'opposition, a mis & met les parties hors de Cour; Et en consequence l'Arrest du treize du present mois executé. Acte des offres de payer dans huy; quoy faisant, fait main-leuée à la partie de Guyot, des saisies. FAIT en Parlement le seize Avril mil six cens soixante-six. Signé, DV TILLET.

SEntence contradictoire renduë au Presidial du Chastelet de Paris le dix-huit Nouembre 1667.

Contre Denis Fournier, l'vn des Sergens de la douzaine.

Par laquelle iceluy Fournier a esté condamné à rapporter la somme de vingt-vne liures pour les émolumens d'vn Exploict par luy fait hors la Banlieuë de la Ville de Paris, auec deffenses de plus recidiuer; à l'amende & aux despens. Reglement du 18 Nou mb. 1667 contre les Sergens de la douzaine.

REGLEMENT FAIT AV MOIS de Iuin mil six cens soixante-sept.

Memoire des difficultez à l'execution des Ordonnances nouuelles de sa Majesté, pour la fonction des Huissiers & Sergens du Chastelet de Paris.

REPONSE

Titre 2. Article 1. Faut obseruer l'article.

PRemierement, pour les Adjournemens. il semble presqu'impossible aux Huissiers de faire signer leurs Exploits à deux Records ou Témoins, tant pour la peine d'en trouuer qui sçachent écrire, que de les auoir toûjours auprés de soy.

Titre 12. Art. 2. Faut suivre l'ancien vsage, jusques à ce qu'il ait été pourveu par le Roy

Sçauoir, si les procez verbaux de compulsoire seront necessitez d'estre faits auec l'assistance de deux Témoins, ce qui semble n'estre pas l'intention de l'Ordonnance.

Titre 2. Art 5, 6, 7 Faut suivre la disposition de l'ordonnance seulement.

Sçauoir, si les Huissiers & Sergens seront tenus de se faire assister de deux Témoins aux Assignations qui seront données à des Témoins pour faire Enqueste, ce qui ne semble necessaire, aussi lesdits Articles n'en font aucune mention.

Les nouuelles formalitez s'ob-

Sçauoir aussi, si l'intention de l'Ordonnance est que les Huissiers & Sergens soient tenus d'obseruer les formalitez requises comme aux Adjournemens

Adjournemens, en tous les autres Actes simples, ce qui semble n'auoir pas esté ordonné, pour ne pas constituer le public en frais inutils.

serveront en tous adjournemés, citations, procez verbaux de sequestre, saisies & executoires mobiliaires seulement, iusques à ce que le Roy y ait pourveu sur les autres matieres, & iusques à ce, l'on suiura l'ancien vsage.

Il semble aussi impossible à vn creancier d'élire domicile és Villes, Bourgs ou Villages, où se fera saisie mobiliaire à sa requeste, n'y ayant le plus souuent aucune connoissance, que si cette necessité auoit lieu, il s'y feroit à son insceu des Actes prejudiciables à sa creance, & lors que le Sergent le feroit d'office, il coureroit risque du desaveu.

L'ordonnance de Blois, article 175 y est formelle

Et si l'Huissier est tenu de mener auec luy deux témoins exprés en campagne, les parties seront constituées en de grands frais, n'estant asseuré d'en trouuer sur les lieux qui sçachent écrire.

On ne peut se dispenser de cette formalité

L'Huissier ne se peut aussi promettre de se faire assister de deux voisins aux executions mobiliaires, pour le refus qu'ils en feront incessamment.

Art. 4

Idem

La taxe generale estant vne fois faite pour le salaire des executions & vente des meubles, doit suffire, sans obliger les Sergens de porter au Iuges leurs procez verbaux, pour estre perpetuellement taxez de nouueau.

on ne peut se dispenser d'obseruer ce qui est porté par l'ordonnance à cét egard

Enfin il semble que lesdites Ordonnances n'obligent lesdits Huissiers se seruir de deux témoins qu'és adjournemens, citations, procez verbaux de sequestres & saisies executions mobiliaires.

Y a esté répondu par les réponses precedantes

Mais pour les autres Actes simples, qui sont en

grand nombre, il n'en eſt fait aucune mention; ce n'eſt pas que le rapport deſdits témoins ne s'obſerve toûjours, comme és inſtructions d'inſtance, où il y a aduenirs, Requeſtes verballes, Compulſoires, Criées, Significations de Faicts & Articles, Aſſignations pour ſubir iceux, Aſſignations aux témoins pour depoſer en matieres ciuiles & criminelles, Aſſignations pour voir jurer témoins, ſignifications de Sentences, Sommations d'y ſatisfaire, Commandemens de payer, Saiſies & arreſts, Significations d'icelles ſans aſſignation. Commandemens aux Greffiers de porter procez oppoſitions au Seau & aux ſcellez, aſſignations pour proceder à la leuée d'iceux, denonciations de pourſuites & quantité d'autres.

Et ſi en effet la neceſſité de faire ſigner les témoins en tous ces Actes auoit lieu, le public ſeroit conſommé en de grands frais, & les expeditions retardées.

C'eſt pourquoy leſdits Huiſſiers ſupplient treshumblement d'en auoir l'éclairciſſement & explication, afin qu'il ne leur ſoit imputé aucune faute ny negligence.

ARREST DV CONSEIL PRIVE' du Roy, rendu au pofit des Huiſſiers Sergens à cheual au Chaſtelet de Paris, le trois Feyrier 1668.

Contre les Huiſſiers de la Cour des Aydes de Paris.

Extraict des Regiſtres du Conſeil Priué du Roy.

Arreſt du Conſeil Priué du Roy, du 3 Fevrier 1668, portant Reglement contre les Huiſsiers de la Cour des Aides.

ENtre les Maiſtres, Procureur Receueur de la Communauté des Huiſſiers Sergens à cheual au Chaſtelet de Paris, demandeurs en Requeſte inſerée en l'Arreſt du Conſeil interuenu ſur icelle, le vingt-ſeptiéme Nouembre 1666. & en Requeſte verbale inſerée en l'Appointement de Reglement, du vingt-vniéme May 1667. d'vne part; Et les Huiſſiers de la Cour des Aydes de Paris, demandeurs d'autre part; Sans que les qualitez puiſſent nuire ny prejudicier aux parties. VEV au Conſeil du Roy l'Arreſt rendu en iceluy ledit iour vingt-ſeptiéme Novembre 1666. ſur la Requeſte des demandeurs, tendante à ce que pour les cauſes y contenuës, il pleuſt à ſa Majeſté les receuoir à prendre le fait & cauſe de Pierre Dinet l'vn des Huiſſiers de ladite Communauté; ce faiſant maintenir & garder les demandeurs en la poſſeſſion & & joüyſſance qui leur eſt attribuée,

& qu'ils ont exercée de tout temps, de mettre à execution tous Arrests de Cour Souueraines estans en forme, Commissions, Mandemens & autres de Iustice dans la Ville & Banlieuë de Paris, ainsi que dans toute l'estenduë du Royaume, specialement ceux de ladite Cour des Aydes, lors qu'il y a Commission expediée & seellée sur iceux : ou en tout cas pour le voir ainsi dire & ordonner, que lesdits Huissiers de la Cour des Aydes seroient assignez audit Conseil ; & cependant deffenses à ladite Cour des Aydes d'en connoistre, & aux Huissiers d'icelle d'y faire aucunes poursuites, & de mettre ny faire mettre à execution aucuns Arrests qui pourroient auoir esté rendus par ladite Cour, à l'encontre dudit Dinet, à peine de nullité, cassation de procedures, & de tous despens, dommages & interests : Surquoy auroit esté ordonné qu'aux fins de ladite Requeste les deffendeurs & autres qu'il appartiendroit, seroient assignez audit Conseil, pour estre reglez de Iuges d'entre ladite Cour des Aydes, & Chastelet de Paris, & cependant surcis à toutes poursuites esdites Iurisdictions, jusqu'à ce qu'autrement, parties oüyes, par sa Majesté en ait esté ordonné ; en suite est la signification qui en a esté faite aux deffendeurs, & assignation à eux donnée en vertu d'iceluy audit Conseil le vingt-huitiéme Decembre 1666. & l'opposition formée par les demandeurs és mains du Greffier de la Geollé de la Conciergerie, à la déliurance de la somme consignée en ses mains par Pierre Saunois, l'vn des demandeurs. La Requeste verbale desdits demandeurs, inserée audit Appointement, tendante à ce qu'il pleust à sa Majesté retenir la connoissance du different des parties, & y faisant droict, leur adjuger les Conclusions prises par leur Requeste par écrit; deffenses aux deffendeurs de leur donner aucun trouble, à peine de quinze cens liures d'amende, & de tous despens, dommages & interests, nonobstant tous Arrests qui pourroient auoir esté donnez en ladite Cour des Aydes, & qu'elle pourroit donner cy-apres, mesme ceux des dix-neuf Fevrier 1663. & vingt-troisiéme Octobre 1666. donnez contre Pierre Dinet l'vn desdits demandeurs, qu'il seroit deschargé de l'amende de cinq cens liures portée par les Arrests de ladite Cour des Aydes, & tout ce qui pourroit auoir esté fait en consequence, qu'ils seroient cassez & annullez; & en outre les deffendeurs condamnez és despens. Ledit Appointement de Reglement à communiquer, écrire & produire, rendu en l'instance d'entre les parties le vingtiéme May dernier. Cahier imprimé, contenant plusieurs Edicts & Declarations des Roys predecesseurs de sa Majesté, portans Reglement pour les fonctions & exercices des Charges des demandeurs, & pouuoir à eux attribué d'exploiter, des mois d'Aoust 1492. Decembre 1543. vingtiéme Nouembre 1556. May 1582. & Iuin 1633. Copie d'Arrest du Conseil, rendu entre les Huiſſiers du Conſeil, François Gohory premier Huiſſier au Grand Conſeil, & Huiſſier en la Grande Chancelerie, & Iean Flaman auſſi Huiſſier en la Grande Chancellerie, le dix-ſept Aouſt 1609. par lequel entr'autres choſes, auroit eſté ordonné, que pour le regard des Arreſts & Commiſſions ſeellées en forme, tous Huiſſiers indifferemment les pourroient executer. Copie d'autre Arreſt dudit Conſeil du vingt Septembre 1643. par lequel entr'autres choſes eſt fait deffenſes à tous Huiſſiers & Sergens de mettre à execution aucuns Arreſts du Conſeil ſur Extraits, s'il n'y auoit ſur iceux des Commiſſions expediées & ſeellées du grand Sceau. Imprimé d'autre Arreſt du Conſeil, du trentiéme Decembre 1664. portant deffenſes à tous Sergens de ſignifier ny mettre à execution aucuns Arreſts par Extrait, ſoit du Conſeil ou des Cours Souueraines. Copie d'autre Arreſt du Conſeil, rendu entre Louis du Puis Huiſſier Sergent à cheual au Chaſtelet, reſidant à Rouen ; Iacques Baunier Receueur des amendes d'icelle, & les demandeurs interuenans, d'autre, le dixiéme Septembre 1610, par lequel entr'autres choſes eſt fait deffenſes auſdits Huiſſiers de la Cour de Parlement de Roüen de troubler ny empeſcher ledit du Puis, enſemble les autres Huiſſiers Sergens à cheual executans en ladite Ville de Roüen, les Arreſts en forme de ladite Cour de Parlement. Imprimé contenant trois Arreſts de ladite Cour de Parlement de Paris, des dixſeptFévrier, premier Avril & dix-ſept May 1659, entre les demandeurs; Touſſaint Billard & Iean Brodeſolle Huiſſiers Sergens à cheual, d'vne part; & le Procureur General de la Cour des Aydes de Paris, prenant le faict & cauſe de ſon Subſtitud en l'Eléction de Senlis, par leſquels ent'autres choſes leſdits Huiſſiers & Sergens auroient eſté maintenus en leurs priuileges de plaider en toutes leurs cauſes, tant en matiere ciuile que criminelle, pardeuant le Preuoſt de Paris, & par appel au Parlement. Imprimé d'autre Arreſt du Parlement rendu ſur la Requeſte des demandeurs, le douziéme Aouſt 1661, par lequel leſdits demandeurs auroient eſté maintenus dans la fonction de leurs charges & exercices d'icelles; Ce faiſant quand ils en ſeroient requis, le recouvrement des deniers du Roy, ſans auoir égard à l'Arreſt de la Cour des Aydes du vingt-ſept May 1661. Imprimé d'Arreſt de la Cour des Aydes, rendu ſur la Requeſte des deffendeurs le dix-neuf Fevrier 1665. portant que Commiſſion leur ſeroit delivrée pour faire aſſigner en ladite Cour qui bon leur ſembleroit; & cependant ordonne qu'ils joüiroient des priuileges & droits attribuez à leurs Charges; deffenſes à toutes perſonnes de les y troubler, à peine de trois cens liures d'amende, & deffenſes à tous Huiſſiers & Sergens à verge & autres Huiſſiers & Sergens d'entreprendre ſur la fonction de leurs Charges, & de faire aucuns Actes en vertu d'Arreſts de ladite Cour par Extraict, en forme, ou autres Commiſſions

& Ordonnances d'icelle, quoy qu'obtenuës en Chancellerie, en suite est la signification qui en a esté faite aux demandeurs le dix-sept Septembre 1666. Copie de Requeste presentée à ladite Cour des Aydes par les deffendeurs, le vingt-deuxiéme Octobre audit an, à ce que ledit Arrest du dix-neuf Fevrier 1663. fut executé, & pour la contrauention à iceluy par ledit Dinet, declarer l'amende de cinq cens livrees portée par ledit Arrest encouruë, au payement de laquelle ledit Diñet seroit contraint, & le condamner à restituer les émolumens : au bas est l'Ordonnance, Viennent les parties, & la signification qui en a esté faite audit Dinet, le vingt-trois Octobre 1663. Coppie d'avenir pour plaider, obtenu par lesdits deffendeurs en ladite Cour des Aydes le vingt-cinq Octobre 1666. Copie d'autre Arrest de ladite Cour des Aydes rendu sur la Requeste des deffendeurs, le dix-sept Nouembre audit an, par lequel ils auroient esté déchargez des assignations à eux données audit Chastelet de Paris à la requeste des demandeurs ; & deffenses audit Lieutenant Ciuil de connoistre du differend des parties, & à icelles d'y faire aucunes poursuites à peine de cinq cens liures d'amende : au bas est la signification aux demandeurs du vingtiéme Nouembre audit an. Copie d'autre Arrest de ladite Cour des Aydes, rendu par deffaut le vingt-septiéme Octobre 1666. par lequel ledit Dinet, pour la contrauention aux Arrests

rests de ladite Cour, auroit esté condamné en l'amende de cinq cens liures, au payement de laquelle il seroit contraint. Sentence renduë au Chastelet de Paris sur la Requeste des demandeurs, le cinquiéme Nouembre 1666. portant que les parties procederoient audit Chastelet, & deffenses aux deffendeurs de troubler les demandeurs en l'exercice de leurs charges. Imprimé d'Arrest du Conseil, du vingt-vn Iuillet 1661. portant que tous les procez & differens, tant en matiere ciuile que criminelle, qui seroient intentez contre les Sergens à cheual au Chastelet de Paris, & tous autres Huissiers & Sergens, pour raison des exploits, saisies, emprisonnemens, & autres Actes de Iustice, concussions & malversations par eux faites, dans le recouvrement des deniers des Tailles, Taillon & autres deniers de sa Majesté, leuées & impositions, circonstances & dépendances, seroient instruites par les Officiers des Elections & Grenier à Sel en premiere instance, & par appel en la Cour des Aydes de Paris, deffenses ausdits Sergens à cheual de se plus pourvoir pardeuant le Lieutenant Ciuil & Criminel au Chastelet, & par appel au Parlement. Arrest de ladite Cour des Aydes, rendu sur la Requeste desdits deffendeurs, le deuxiéme Mars 1635. portant qu'aux fins d'icelle, Commission leur seroit delivrée. Requeste presentée à ladite Cour des Aydes par les deffendeurs. à ce que le nommé Baudoüin Sergent fust assigné, pour se voir faire deffenses de plus s'ingerer de faire aucunes assignations & contraintes en vertu d'Arrest en forme de ladite Cour, & Commission sur iceux, & autres Actes dans la Ville & Banlieuë de Paris, à peine de faux, & autres Conclusions portées par ladite Requeste : Au bas est l'Ordonnance, soit montré au Procureur General, du vingt Mars 1655. & au dos les Conclusions dudit Procureur General. Autre Requeste presentée à ladite Cour des Aydes par les deffendeurs, à ce que Commission leur fust octroyée pour assigner les nommez Marchand, Charpentier, Levesque, & autres Sergens qui se trouueroient auoir contreuenu aux Arrests & deffenses de la Cour, pour voir declarer encouruës les peines portées par les Arrests & Reglemens de ladite Cour : Au bas est l'Ordonnance, soit montré, & les Conclusions dudit Procureur General. Arrest de ladite Cour des Aydes, rendu sur ladite Requeste le dix-neufiéme Fevrier 1663. portant qu'ils auroient Commission pour faire appeller parties; Et cependant qu'ils joüiroient des priuileges & droits attribuez à leurs Charges; deffenses à tous Sergens à verge du Chastelet, Archers & autres Officiers de Iustice, d'entreprendre sur la fonction de leurs Charges, & de faire aucuns Actes de Iustice en vertu d'Arrest de ladite Cour, par extrait, en forme & autres Commissions & Ordonnances, quoy qu'obtenuës en Chancellerie. Autre Arrest de ladite Cour des Aydes, rendu entre François Diury Sergent à cheual au Chastelet, d'vne part, & les defendeurs, d'autre, par lequel ladite Cour auroit moderé de grace l'amende portée par les Arrefts de ladite Cour, à l'égard dudit Diury, à vingt-cinq livres, & condamné à rendre les émolumens par luy receus, & en consequence ordonné qu'il feroit élargy; défenfe de refcidiuer, du vingt-deux Aouft 1666. Copie de Requefte prefentée à ladite Cour des Aydes par ledit Diury, à ce qu'il fuft receu appellant de fon emprifonnement, lequel feroit declaré injurieux, tortionnaire & déraifonnable; l'efcrouë rayé & biffé: Au bas eft l'Ordonnance, viennent les parties du vingt vn Nouembre 1666 à à l'affignation dudit iour. Arreft de ladite Cour des Aides rendu entre Pierre Sonnois, Sergent à cheual audit Chaftelet, les defendeurs & autres parties, le vingt-trois Decembre 1666. portant euocation de l'inftance intentée au Chaftelet, & que les parties procederoient en ladite Cour, ledit Sonnois élargy, en payant vingt-cinq liures d'amende, & reftituant les emolumens par luy perceus. Imprimé d'Arreft du Parlement, rendu entre Nicolas Boucault Sergent à verge, & les Huiffiers dudit Parlement, portant que ledit Boucault demeureroit élargy, & de grace, feroit l'écrouë rayé: Ordonné que les Arrefts & Reglemens de ladite Cour feroient executez, deffenfes audit Boucault & à tous autres Sergens, tant dudit Chaftelet, qu'autres Iurifdictions, d'y plus contreuenir, & de plus fignifier ny executer en la ville, Faux-bourgs & Banlieuë de Paris aucunes Requeftes & Arrefts de ladite Cour, interlocutoires, Ordonnances des Conſeillers & Commiſſaires d'icelle, Compulſoires & autres ſeruans à l'inſtruction des procez pendans en ladite Cour, ſoit que leſdits Arreſts ſoient en forme, ou qu'il y ait Commiſſion ſcellée, ou que leſdites Ordonnances & Commiſſions ſoient adreſſées au premier Huiſſier ou Sergent, meſme hors ladite Ville & Banlieüe, ſans Commiſſion en Chancellerie, à peine de faux, du treize May 1656. Coppie d'Arreſt du Conſeil rendu ſur la Requeſte de Maiſtre Thomas Bouſſeau, le vingt-vn Aouſt 1664, portant que les Arreſts rendus en ladite Cour des Aydes, executoires de dépens decernez en conſequence, & Ordonnances renduës par le Commiſſaire de ladite Cour, ne pourroient eſtre executées contre luy que par les Huiſſiers du Conſeil, & ceux de ladite Cour des Aydes ; Deffenſes à tous Huiſſiers & Sergens de les mettre à execution. Procez verbal de Dinet, Huiſſier Sergent à cheual, des dix-neuf & vingt Octobre 1666. en vertu d'Arreſt de ladite Cour des Aydes, ſcellé du dix-huitiéme Septembre audit an. Copie d'Arreſt du Conſeil rendu entre Eſtienne Ruelle & Iean Eullard Sergent à verge au Chaſtelet ; d'vne part ; la Communauté des Huiſſiers du Parlement, d'autre ; Et la Communauté des Sergens à verge, interuenans, le dernier Iuin 1637 portant renuoy des parties en ladite Cour de Parlement, pour y proceder ſur leurs differends. Copie d'Arreſt dudit Parlement, rendu entre la Communauté des

Huissiers de ladite Cour ; lesdits Iean Eullard & la Communauté des Sergens à verge, le vingt-huit Aoust 1638. portant que les Arrests de ladite Cour seroient executez ; deffenses ausdits Eullard & à tous autres Sergens de signifier à l'avenir dans la Ville, Banlieue & Faux-bourgs de Paris, aucuns Ar rests, Requestes, Actes, & autres procedures seruans à l'instruction des procez, encore que l'adresse en soit faite au premier Huissier ou Sergent, ou qu'il y ait Commission prise en Chancellerie sur lesdites Ordonnances. Arrest contradictoire du Conseil, rendu entre les parties le six Aoust 1667. par lequel sa Majesté auroit retenu à soy & à son Conseil la connoissance du principal differend des parties, & ordonné que dans trois jours, pour tout delay, elles adjousteroient à leurs productions tout ce que bon leur sembleroit ; pour leur estre fait droit ainsi que de raison, dépens reseruez: En suite est l'exploit de signification fait dudit Arrest à l'Aduocat desdits deffendeurs, du onze desdits mois & an. Acte signifié à la requeste des demandeurs, portant que pour satisfaire audit Arrest de retention, ils employent ce qu'ils ont escrit & produit en l'instance du seize Aoust 1667. Requeste presentée au Conseil par lesdits deffendeurs, à ce qu'il pleust à sa Majesté leur donner acte, de ce que pour satisfaire de leur part audit Arrest de retention, ils employent ce qu'ils ont écrit & produit en ladite Requeste, & le contenu en ladite Requeste, & en consequence ordonner que les Arrests & Reglemens de ladite Cour des Aydes seroient executez, & suiuant & conformément à iceux, maintenir les deffendeurs en l'exercice & fonctions de leurs Charges, auec deffenses ausdits Sergens du Chastelet, & à tous autres de faire aucuns Exploits, Actes de Iustice, ou emprisonnement en vertu des Arrests & Reglemens de ladite Cour, par extraict ny en forme, & autres Commissions & Ordonnances d'icelles, quoy qu'obtenuës en Chancellerie, en quelque sorte & maniere que ce soit, dans la Ville, Faux-bourgs & Banlieuë de Paris, sur les peines portées par lesdits Arrests & Reglemens de la Cour des Aydes; Et à l'égard des Arrests, Ordonnances & Commissions de ladite Cour, les mettre à execution, hors ladite Ville & Banlieuë, que deffenses seront pareillement faites à tous Huissiers & Sergens suiuant & conformement à l'Arrest du Conseil, de les mettre à execution, qu'il n'y ait Commission sur iceux, obtenuë en Chancellerie, à peine de cinq cens liures d'amende, qui sera declarée encouruë à la premiere contrauention; & pour l'indeuë vexation desdits Sergens du Chastelet, les condamner en tous les despens, dommages & interests des deffendeurs: Au bas est l'Ordonnance du Conseil, du vingtiéme Aoust 1667. portant acte de l'employ, & au surplus, en iugeant; & l'exploit de signification d'icelle à l'Aduocat des demandeurs du vingt-septiéme desdits mois & an. Escritures & productions desdites parties, & tout ce que par elles a esté mis & produit par deuers le Sieur le Boulanger de Hacquille, Conseiller de sa Majesté en ses Conseils, Maistre des Requestes ordinaire de son Hostel, Commissaire à ce deputé, oüy son rapport, Et tout consideré; LE ROY EN SON CONSEIL, faisant droict sur l'instance, A maintenu & gardé, maintient & conde les demandeurs en la possession de mettre à execution tous les Arrests diffinitifs & prouisoires expediez en forme, & sur lesquels il y a des Commissions scellées, de quelques Iurisdictions qu'ils puissent estre émanez: deffenses de les y troubler; Décharge sa Majesté ledit Dinet de l'amende portée par les Arrests de ladite Courdes Aydes des dix-neuf Fevrier 1663. & vingt-sept Octobre 1666. donnez par defaut; Et condamne les deffendeurs aux despens. FAIT au Conseil Priué du Roy, tenu à S. Germain en Laye, le troisiéme iour de Fevrier mil six cens soixante-huit. Signé, MAISSAC. Et plus bas est écrit;

Le 20. Fevrier 1668. signifié & baillé copie à Maistre Tessier Aduocat de partie auerse, parlant à sa personne, à ce qu'il n'en ignore, par Nous Huissier ordinaire du Roy en ses Conseils, sous-signé. Ainsi signé RAINCE.

ARREST DE LA COVR DE Parlement, du huitiéme May 1668. rendu au profit des Huissiers Sergens à cheual au Chastelet de Paris:

Contre les Sergens Royaux, d'Armes, Collecteurs d'Amendes, de Forests, de Chasses, Iustices subalternes, & autres, au sujet de leur pouuoir & Residance.

Extraict des Registres de Parlement.

Arrest de la Cour, du 8. May 1668, portát Reglement contre tous les Sergens Royaux, pour leur residence, permis d'emprisonner les refractaires, pour l'amende de 500. liures.

VEV par la Cour la Requeste presentée par les Maistres, Procureur Receueur de la Communauté des Huissiers Sergens à cheual au Chastelet de Paris; Contenant que par les Edicts, Chartres & Arrests concernans la creation de leurs Charges, des huitiéme Iuin 1369. du mois d'Aoust 1492. Decembre 1543. Iuillet 1587. Iuin 1603. Iuin 1617. & du mois de Iuin 1644. verifiez en la Cour; les Supplians doiuent eux seuls mettre à execution le seellé & jugé du Chastelet de Paris dans l'estenduë du Royaume, mesmes tous Arrests, Sentences & Iugemens de toutes Cours & Iurisdictions subalternes, de resider dans tous les lieux & endroits d'iceluy, pour y faire la fonction de leurs

leurs Charges, auec attribution de tous leurs causes, tant en demandant que deffendant (& quoy qu'il ne s'agisse du fait de leurs Charges) pardeuant le Preuost de Paris, & par appel en la Cour; dans lesquels priuileges les Supplians sont iournellement troublez & inquietez par diuers Sergens Royaux, qui se pretendent auoir mesme pouuoir que lesdits Supplians, les vns se disans Ampliataires, & auoir pouuoir d'exploiter par tout le Royaume, tous mandemens de Iustice; & les autres se disans auoir droict d'exploiter par tout le Royaume, ainsi que lesdits Suplians. Ce qui a donné lieu au Roy de donner diuers Arrests portant reuocation desdites ampliations: comme pareillement plusieurs Arrests rendus en la Cour, au sujet desdits Ampliataires, & particulierement l'Edit & Declaration du mois de Decembre 1663. par lequel entr'autres choses le Roy auroit supprimé & reuoqué le pouuoir cy-deuant donné aux Huissiers, Sergens & Archers d'exploiter par tout le Royaume, soit par leur Edit de creation ou par ampliation; ensemble les Lettres de prouision, dans lesquelles les residances desdits Officiers ne sont specifiées; & aussi sur la Requeste du Procureur General, la Cour auroit rendu Arrest le deuxiéme Ianuier 1665. Par lequel il est enjoint à tous Huissiers, Sergens, Archers & autres pretendans auoir pouuoir d'exploiter residans à Paris, autres que ceux exceptez par les Edits & Declarations du Roy, se retirer dans les lieux de leurs establissemens, où ils doiuent le seruice ; & leur auroit la Cour fait iteratiues deffenses de se retirer ny exploiter en la Ville de Paris, à peine de faux, & cent liures d'amende ; & aussi fait deffenses ausdits Huissiers, Sergens & Archers de faire aucuns exploits pendant qu'ils demeureroient hors de leurs residances, & ailleurs que dans l'estenduë d'icelles, sur les peines susdites & de faux : Et en cas de contrauention, permis d'emprisonner : Lequel Arrest auroit esté leu, publié & affiché à son de Trompe & cry public en cette Ville de Paris, & enuoyé par ledit Procureur General dans toutes les Iustices & Iurisdictions de la Cour : Neantmoins au prejudice desdits Chartres, Edits, Arrests & Reglemens, plusieurs Sergens Royaux ne delaissent de faire leur residance en cette Ville de Paris, & y mettent à execution toutes sortes de Mandemens de Iustice, mesme le Seellé & Iugé dudit Chastelet, au prejudice desdits Supplians ; Comme pareillement plusieurs Sergens Royaux residans à la campagne, sortent des fins & limites de leurs Iurisdictions, & mettent à execution tous Mandemens de Iustice, & particulierement en la Ville d'Orleans, Iacques Sandrier, aussi se disant Sergent d'Armes en la Connestablie de France, & François le Brun se disant Garde de Chasse & Sergent de la Louueterie sous la Charge du Sieur Potier de Morais Lieutenant de ladite Louueterie, residant en l'estenduë du Presidial d'Orleans, lesquels ayans esté trouuez en ladite Ville exploitans hors leur Resſort, les Sergens ordinaires reſidans audit Orleans, auroient eſté obligez de ſe pouruoir pardeuant le Lieutenant General dudit Orleans, pour la contrauention faite aux Edicts, Arreſts & Reglemens: lequel auroit rendu Sentence le vingt-neufiéme Aouſt 1667. à l'encontre dudit François le Brun, par laquelle il luy auroit eſté enjoint de mettre entre les mains du Subſtitut dudit Procureur General audit Orleans, ſes Lettres de Prouiſion, & juſques à ce, luy auroit eſté fait deffenſes de plus exploiter; De laquelle Sentence ledit François le Brun s'eſt porté pour appellant, & depuis iceluy le Brun s'eſtant pourueu au Grand Conſeil, auroit obtenu Arreſt ſur Requeſte le ſeptiéme Septembre dernier, par lequel eſt fait deffenſes de mettre à execution ladite Sentence du Lieutenant General d'Orleans, & de ſe pouruoir ailleurs qu'audit Grand Conſeil. A l'égard dudit Iacques Sandrier, il auroit pareillement obtenu Arreſt audit Grand Conſeil le douziéme Decembre 1667. par lequel deffenſes ſont faites de mettre à execution la Sentence du Bailly d'Orleans, du huit Mars 1667. renduë contre ledit Sandrier, ordonné qu'il joüira de ſon Office, conformement à l'Edit de creation. Et dautant que les Arreſts obtenus au Grand Conſeil par leſdits le Brun & Sandrier ne peuuent prejudicier aux Edits & Declarations du Roy, verifiez en la Cour, & Arreſts ſur ce interuenus; A CES CAVSES, Requeroient les Supplians eſtre ordonné, que ſans auoir égard auſdits Arrests du Grand Conseil obtenus par lesdits le Brun & Sandrier, des sept Septembre & douze Decembre derniers, les Edits, Arrests & Reglemens donnez en la Cour, seroient executez selon leur forme & teneur, & pareillement celuy rendu sur la Requeste dudit Procureur General, le deux Ianvier 1665. deffenses ausdits Sandrier, le Brun & autres Sergens Royaux se disans Sergens d'Armes, Collecteurs d'Amendes, de Forests & autres Iurisdictions subalternes, de mettre à execution autres Sentences & Iugemens que de leurs Iuges: Leur enjoindre de faire leur residence aux lieux où ils ont esté receus, & où ils doiuent le seruice; & en cas de contrauention, qu'il fust permis aux Supplians d'emprisonner les contreuenans, pour la somme de cinq cens liures d'amende, applicable moitié au profit du Roy, & l'autre moitié au profit des Supplians; que l'Arrest qui interuiendroit sur ladite Requeste, seroit leu, publié & affiché en toutes les Iustices du Ressort de ladite Cour, à la diligence desdits Supplians. VEU aussi lesdits Edits, Declarations, Arrests, & Reglemens, lesdits Arrests du Grand Conseil, Sentence dudit Bailliage d'Orleans, & autres pieces attachées à ladite Requeste, signée desdits Maistres Procureur Receueur de ladite Communauté des Supplians, & de Losme leur Procureur; Conclusions dudit Procureur General du Roy: Oüy le Rapport de Maistre Charles Hervé, Conseiller du Roy en ladite Cour. Et tout consideré. LADITE

COVR a ordonné & ordonne, que les Supplians auront Commission pour faire assigner en icelle qui bon leur semblera, aux fins de leur Requeste; Cependant seront les Edits, Arrests & Reglemens de la Cour executez selon leur forme & teneur; & suiuant iceux fait deffenses ausdits Sergens d'Armes, Collecteurs d'Amendes, de Forests, des Chasses, & Subalternes, de mettre à execution autres Iugemens que ceux qui seront rendus par leurs Iuges; leur enjoint de faire leurs residences aux lieux où ils ont esté receus, & où ils doiuent le seruice, à peine de cinq cens liures d'amende, pour le payement de laquelle, en cas de contrauention, ils seront emprisonnez, applicable moitié au Roy, & l'autre moitié aux Supplians. Fait deffenses de faire poursuites ailleurs qu'en la Cour pour raison desdites contrauentions. Et sera le present Arrest leu, publié & affiché par tout où besoin sera, à la diligence des Supplians, & executé sur l'Extrait d'iceluy. FAIT en Parlement le huitiéme May mil six cens soixante-huit. Signé, DV TILLET.

LOVIS par la grace de Dieu Roy de France & de Nauarre : A nos Baillifs, Seneschaux, ou leurs Lieutenans, & à tous nos autres Iusticiers & Officiers qu'il appartiendra, Salut. Nous vous mandons qu'à la requeste des Maistres & Procureur Receueur de la Communauté des Huissiers

Sergens à cheual au Chaſtelet de Paris; Vous ayez à faire lire & publier és Sieges de vos Iuriſdictions, & regiſtrer aux Greffes d'icelles, l'Arreſt par eux obtenu en noſtre Cour de Parlement de Paris, le huitiéme du preſent mois & an, cy-attaché ſous noſtre contre-ſeel, pour eſtre iceluy executé ſelon ſa forme & teneur à l'encontre des y dénommez. Mandons en outre au premier noſtre Huiſſier ou Sergent ſur ce requis, afficher ledit Arreſt par tout où beſoin ſera, & faire pour l'execution d'iceluy, tous Exploits requis & neceſſaires, ſans demander autre permiſſion; nonobſtant Clameur de Haro, Chartre Normande, & Lettres à ce contraires: CAR tel eſt noſtre plaiſir. DONNE' à Saint Germain en Laye, le vingt-quatriéme iour de May, l'an de Grace mil ſix cens ſoixante-huit, & de noſtre regne le vingt-ſixiéme. Signé, Par le Roy en ſon Conſeil, BABINET. Et ſeellé du grand Sceau de cire jaune ſur ſimple queuë.

SEntence renduë au Presidial du Chastelet de Paris, donnée au profit de la Communauté des Sergens à verge audit Chastelet, le quatriéme Iuillet 1668.

Contre Iean Baptiste Herbin, l'vn des Sergens de la Douzaine. Reglement du 4 Iuillet 1668, contre vn Sergent de la douzaine.

Par laquelle iceluy Herbin pour auoir exploité hors la Banlieuë de la Ville de Paris, auoit esté condamné à rapporter les émolumens dudit Exploit, au profit de ladite Communauté, auec deffenses de plus exploiter hors ladite Banlieuë, à peine de l'amende, & aux despens.

Sentence renduë en la Chambre Criminelle au Chastelet de Paris.

SVR ce qui Nous a esté remonstré par le Procureur du Roy; Qu'encores que par les Edits, Declararions & Arrests, on ne puissetraduire les Officiers du Chastelet, tant en matiere Ciuile, que Criminelle, ailleurs qu'audit Chastelet, leur Iurisdiction naturelle, que mesme les Hauts-Iusticiers n'ont aucune préuention sur ledit Chastelet, Sentence renduë audit Chastelet, le 11. Iuillet 1668. portant Reglement cōtre les officiers des Iustices Subalternes.

qu'au contraire les Officiers d'icelui Chastelet comme Officiers Royaux ont la préuention sur tous les Hauts-Iusticiers, ainsi qu'il a esté iugé par plusieurs Arrests : Neantmoins le Procureur Fiscal de Saint Germain Desprez, par vne entreprise sur ladite Iurisdiction du Chastelet, a fait assigner Loüis de Corbie, Huissier à verge en cette Cour, pardeuant le Bailly dudit Saint Germain, par Desplasses, l'vn des Bedeaux dudit Bailliage, le sept de ce mois, pour estre condamné en vne amende, pour auoir distrait la Iurisdiction dudit Bailliage, & auoir fait assigner à sa requeste audit Chastelet Nicolas Berthemet Cabaretier, demeurant en ladite Iurisdiction dudit Bailliage, & répondre sur les Conclusions dudit Procureur Fiscal : Et attendu que la question a esté iugée par Arrest de la Cour du deuxiéme Septembre 1645. auec le Bailly de Saint Marcel & son Procureur Fiscal, qui auroit esté condamné aux despens de l'instance; & par Sentence dudit Chastelet du vingt-six Aoust 1666. auec le Bailly de S. Martin & son Procureur Fiscal au profit du nommé Henry, qui n'estoit qu'vn Masson, ce qui estoit encores moins considerable qu'à l'égard d'vn Officier dudit Chastelet. REQVIERT le Procureur du Roy, que ladite Sentence dudit iour vingt-sixiéme Aoust 1666. soit declarée commune auec ledit Procureur Fiscal dudit Saint Germain Desprez, qui a esté assigné de nostre Ordonnance, pardeuant Nous, à la requeste dudit de Corbie, par Dagincour, aussi Huissier

ſier à verge en cette Cour, le huitiéme du preſent mois, pour eſtre déchargé de ladite aſſignation à luy donnée pardeuant ledit Bailly de Saint Germain Deſprez, à la requeſte dudit Procureur Fiſcal: QVE pour l'entrepriſe de Iuriſdiction, icceluy Procureur Fiſcal & ledit Deſplaſſes ſeront aſſignez, à comparoir en perſonnes pardeuant Nous, pour répondre aux Concluſions qu'il voudra contr'eux prendre; décharger ledit de Corbie de ladite aſſignation à luy donnée pardeuant ledit Bailly de S. Germain Deſprez, & la Sentence qui interuiendra, publiée & affichée. NOVS, faiſant droit ſur les Concluſions du Procureur du Roy, VEV l'Arreſt rendu contre ledit Bailly de Saint Marcel, & ſon Procureur Fiſcal, le deuxiéme Septembre 1645. la Sentence renduë en ce Siege contre le Bailly de Saint Martin & ſon Procureur Fiſcal, le vingt-ſix Aouſt mil ſix cens ſoixante-ſix, AVONS ladite Sentence declarée & declarons commune auec le Procureur Fiſcal du Bailliage de Saint Germain Deſprez; ce faiſant, ledit de Corbie eſt déchargé, & le déchargeons de l'aſſignation à luy donnée à la requeſte dudit Procureur Fiſcal, pardeuant le Bailly dudit Saint Germain Deſprez: LVY faiſons deffenſes de plus à l'auenir faire donner telles aſſignations, à peine de cinq cens liures d'amende, & d'interdiction de ſa Charge; Audit Deſplaſſes & autres, de donner pareilles aſſignations: Audit Bailly, de rendre aucunes Sentences, ſur les meſmes peines; Enſemble audit

Berthemet, & à tous autres Sujets du Roy, de s'y pouruoir, sur semblables peines, cassation de procedures; dépens, dommages & interests. Et pour l'entreprise faite par ledit Procureur Fiscal & ledit Desplasses, ORDONNONS qu'ils seront assignez, à comparoir en personnes, au premier iour pardeuant Nous, en la Chambre Criminelle, pour répondre aux Conclusions du Procureur du Roy. Et sera la presente Sentence executée, nonobstant oppositions ou appellations quelsconques, & sans prejudice d'icelles, attendu ce dont il s'agit, leuë, publiée, & affichée par tout où besoin sera : Et soit signifié. CE fut fait & donné par Messire IACQVES DEFITA Conseiller du Roy en ses Conseils d'Estat & Priué, & Lieutenant Criminel en la Ville, Preuosté & Vicomté de Paris, l'vnziéme iour d'Aoust mil six soixante-huit. Signé,

DEFITA. DE RIANTZ.

LE COINTRE Greffier.

Extraict des Registres du Conseil Priué du Roy.

Arrest du Conseil Priué du Roy, du 18 Sept. 1668, portant Reglement contre les Huissiers du Parlement.

SVR la Requeste presentée au Roy en son Conseil, par Iean Preuost, Sergent à verge au Chastelet de Paris; Contenant, qu'il auroit esté chargé de mettre à execution certain Arrest du Parlement de Paris, rendu au profit du Sieur Bourgoin, Maistre ordinaire en la Chambre des Comptes, en vertu duquel, & de la Commission sur iceluy deuëment seellée, il auroit fait les Exploits & diligences necessaires contre les y dénommez: Mais les Huissiers de la Cour pretendent, qu'autres Huissiers que ceux de la Cour ne peuuent mettre aucuns Arrests d'icelle à execution; Ont formé vn procez contre le Suppliant audit Parlement, & par Arrest d'iceluy du vingt-trois Aoust dernier, ont fait ordonner que les Arrests & Reglemens de ladite Cour, rendus au profit des Huissiers d'icelle, seront executez; & en consequence fait deffenses au Suppliant, & à tous les autres Huissiers & Sergens, mesme à ceux de l'enclos du Palais, de signifier en cette Ville, Fauxbourgs & Banlieuë de Paris, aucuns Arrests de ladite Cour, interlocutoires, ou diffinitifs, de les mettre à execution, ny aucunes Commissions, pour assigner les parties en ladite Cour, Compulsoires, apposer ny publier aucunes Encheres ou Affiches, bien que lesdits Arrests diffinitifs ou interlocutoires soient en forme, ou qu'il y eust Commission prise sur iceux, ou sur lesdites Requestes, Ordonnances, Encheres & Affiches: Ledit Parlement a declaré en outre les Exploits de Significations dudit Arrest & Commission, faits par le Suppliant, nuls; auec deffenses audit Sieur Bourgoin de s'en seruir; & l'auroit condamné de rendre ausdits Huissiers la somme de six-vingts liures pour les émolumens de ladite Signification, & en outre en l'amende de soixante livres, & aux despens; au payement dequelles ledit Suppliant se trouue poursuiuy & menacé d'estre emprisonnné. Les Huissiers de la Cour des Aydes de Paris auoient cy-deuant eu la mesme pretention contre lesdits Huissiers du Chastelet, lesquels par Arrest contradictoire dudit Conseil du troisiéme Février dernier, ont esté maintenus de mettre à execution tous Arrests diffinitifs, & prouisoires expediez en forme, & sur lesquels il y a des Commissions seellées, de quelques Iurisdictions qu'ils puissent estre émanez, auec deffenses de les y troubler: Et en consequence le nommé Guynet, l'vn desdits Huissiers du Chastelet fut déchargé de l'amende contre luy ordonnée par les Arrests de ladite Cour des Aydes, & lesdits Huissiers d'icelle condamnez aux despens de ladite Instance. Les Huissiers du Parlement ne sont pas mieux fondez dans leurs pretentions, que ceux de ladite Cour des Aydes; Leurs raisons ne sont point differentes: Et à l'égard des premiers, elles n'ont point esté jugées bonnes, lesquelles ne peuuent pas deuenir meilleures à la bouche des Huissiers dudit Parlement, & ce n'est point à luy à regler si les Huissiers du Chastelet mettront à execution les Arrests d'iceluy, quand il y aura des Commissions sur iceux deuëment seellées, à eux adressantes, la Commission porte leur pouuoir, & ledit pouuoir fait la meilleure partie de leurs Charges, à eux attribuez par des Edits & des Arrests rendus, en execution & au prejudice desquels ledit Parlement ne peut rien iuger au contraire qui puisse valoir, & n'a pû rendre ledit Arrest, qui doit estre revoqué & cassé, comme formellement contraire à iceux. A CES CAVSES, Requeroit ledit Suppliant, qu'il plûst à sa Majesté, casser, revoquer & annuller ledit Arrest du Parlement, contre luy rendu par deffaut ledit iour vingt-trois Aoust dernier, le décharger de la condamnation portée par iceluy, faire deffenses aux Huissiers du Parlement de s'en seruir, ny de le mettre ou faire mettre à execution, à peine de quinze cens livres d'amende, despens, dommages & interests, maintenir & conseruer le Suppliant dans les droits, pouvoirs & fonctions attribuez par les Edits & Arrests à sa Charge, & par exprés de mettre tous Arrests sur lesquels il y a des Commissions seellées à execution, de quelques Cours & Iurisdictions qu'ils soient emanez; Et pour cét effet, que l'Arrest contradictoire du Conseil, du trois Février dernier, ſera declaré commun auec leſdits Huiſſiers du Parlement, auſquels deffenſes ſeront faites, comme à tous autres, de donner audit Suppliant aucun trouble ny empeſchement dans l'exercice & & fonction de ſadite Charge, ſur les ſuſdites peines. VEV par le Roy en ſon Conſeil ladite Requeſte, ſignée Faurie Aduocat audit Conſeil : Ledit Arreſt du Parlement dudit iour vingt-troiſiéme Aouſt, le Commandement fait en conſequence, audit Supliant, le dix du preſent mois de Septembre : L'Arreſt & Commiſſion ſur iceluy dont eſt queſtion, celuy du Conſeil, du trois Février 1668. & autres pieces attachées à ladite Requeſte. OVY le Rapport du Sieur Paget, Conſeiller du Roy en ſes Conſeils, Maiſtre des Requeſtes ordinaire de ſon Hoſtel; Et tout conſideré. LE ROY EN SON CONSEIL, Ayant égard à ladite Requeſte, A ordonné & ordonne, que l'Arreſt dudit Conſeil dudit iour trois Fevrier dernier, ſera executé ſelon ſa forme & teneur, à l'égard des Huiſſiers dudit Parlement, comme il eſt à l'égard des Huiſſiers de la Cour des Aydes; Et ce faiſant, a maintenu les Huiſſiers à verge au Chaſtelet de Paris en la poſſeſſion de mettre à execution tous Arreſts diffinitifs, prouiſoires, expediez en forme, & ſur leſquels il y a Commiſſions ſeellées, de quelques Iuriſdictions qu'ils ſoient emanez; A deſchargé & deſcharge le Suppliant de la condamnation portée par ledit Arreſt du Parlement de Paris dudit iour vingt-troiſiéme Aouſt dernier, pour raiſon de ce. FAIT au Conſeil Priué du Roy, Tenu à Saint Germain en Laye, le dix-huitiéme iour de Septembre mil ſix cens ſoixante-huit.

Signé, LA GVILLAVMYE.

L'An mil ſix cens ſoixante-huit, le vingt-deuxiéme Septembre, ſur les ſept heures du matin, A la requeſte de Iean Preuoſt Sergent à verge au Chaſteler de Paris, l'Arreſt du Conſeil Priué de ſa Maieſté du dix-huit du preſent mois & an, ſigné LA GVILLAVMYE, a eſté par Nous Huiſſier ordinaire du Roy en la Grande Chancellerie de France, ſous-ſigné, montré, ſignifié, & d'iceluy baillé copie aux fins y contenuës, & de la deſcharge y mentionnée, à la Communauté des Huiſſiers de la Cour de Parlement de Paris, au domicile par eux eſleu en la maiſon de Maiſtre Noël le Noir Procureur en ladite Cour, parlant au ſieur le Noir ſon fils, en ſon domicile à Paris, Ruë de la Bucherie, à ce que du contenu audit Arreſt, ils n'en pretendent cauſe d'ignorance. Signé, BOISCOVRJON.

Extraict des Registres du Conseil d'Estat.

Arrest du Conseil, dōné en faveur des Officiers des Chancelleries, le 15 Decemb. 1668. portāt iteratives deffenses à tous Huissiers Sergens de signifier, ny mettre aucuns Arrests par extrait à execution.

ARrest du Conseil, donné en faueur des Officiers des Chancelleries, le quinze Decembre 1668.

Par lequel est fait iteratiues deffenses à tous Hussiers, Sergens, de signifier ny mettre à execution aucuns Arrests par Extrait, soit du Conseil ou des Parlemens, & autres Compagnies Souueraines: Et pour la contravention commise par aucuns Huissiers & Sergens, ont esté assignez à comparoir en personne au Conseil, au mois; & cependant interdits de la fonction de leurs Charges; & condamnez à payer les droits du Seau des Arrests, auec deffenses de rescidiver, & declaré la peine encouruë contre les contrevenans de trois cens liures.

SEntence renduë au Presidial du Chastelet de Paris, entre les Maistres de la Communauté des Sergens à verge audit Chastelet, le quinze Decembre 1668.

Contre Brice Fleury, Nicolas Hoüallé & Laurens

Laurens Tirronneau, Huißiers Sergens Fieffez audit Chastelet.

Par laquelle a esté ordonné que dans huitaine lesdits Fieffez s'expliqueront s'ils veulent & entendent prendre la qualité de Priseurs Vendeurs de biens meubles au Chastelet, ce faisant condamnez à payer à ladite Communauté la somme de deux cens trois liures pour les droits de Receptions; rendre le Pain-Benit, Cierges & Bouquets, au jour & Feste de Saint Loüis, par eux deubs & leurs successeurs, & à faire ladite declaration dans huitaine; leur est fait deffenses de prendre la qualité ny faire la fonction de Priseurs Vendeurs, ny faire vente d'autres meubles que ceux par eux executez, ainsi que le contient plus au long ladite Sentence, Signée, LVCE, & seellée. Reglement du 15. Decemb. 1668. contre les Fieffez.

Depuis lesdits Fieffez ont fait l'option, & declaré qu'ils prenoient ladite qualité de Priseurs Vendeurs.

Extraict des Registres du Conseil d'Estat du Roy.

SVr ce qui a esté representé au Roy, estant en son Conseil, par les Iuges Consuls de Paris: Arrest du Cõseil d'Estat du Roy, du 24 Decemb. 1668. portant permission à la Iustice Consulaire de faire reassigner sur deffaut en la maniere qu'il a esté pratiqué auparauant l'Ordonnance du mois d'Avril 1667

Que comme dans l'exercice de leur Iurisdiction, ils ont toûjours esté les fidels observateurs des Edits & Declarations de sa Majesté ; ils ont aussi fidellement executé la nouuelle Ordonnance du mois d'Avril 1667. Laquelle par le titre seiziéme a reglé la forme de proceder pardeuant eux ; Mais dans le mesme esprit de soûmission, qu'ils ont à la volonté de sa Majesté, ils sont obligez de luy representer, qu'en executant l'Article cinquiéme de ce Titre, qui porte, Que si les parties ne comparent à la premiere assignation, sera donné deffaut, ou congé portant profit : Ils ont reconnu eux-mesmes, & par les plaintes de quantité de Marchands, que son execution auoit vn effet contraire à l'intention de sa Majesté, de rendre l'expedition des affaires plus facile & plus seure : En effet, comme les assignations qui se donnent de tout temps pardeuant les Supplians, *sont* de la veille ou du jour que se tient la Iurisdiction Consulaire, parce qu'en fait de negoce vn plus long delay seroit perilleux ; & d'ailleurs feroit perdre le temps, & ruineroit les affaires de ceux qui amenent des marchandises & denrées à Paris, & qui viennent aux Foires, il arriue souvent que ceux ausquels les assignations sont données, ne sont point chez eux pour lors ; & qu'ainsi, auant qu'ils le sçachent, ils sont assignez, jugez & condamnez ; & qu'en vertu d'vne Sentence par deffaut, on les contraint en leurs corps & biens, & on met garnison dans leurs maisons ; ce qui cause vne perte de credit, & ſouvent des ruptures & des banqueroutes; au lieu qu'eſtant reaſſignez ſur deffaut, ils ont le loiſir de ſe reconnoiſtre, de ſe deffendre, & de mettre ordre à leurs affaires: & ces inconveniens, qui ne ſont que trop ordinaires, arrivent encore d'autant plus aiſément, que les premieres aſſignations eſtant la pluſpart données par des Huiſſiers du Chaſtelet, qui ne reconnoiſſent que le Lieutenant Ciuil, & qui ne veulent point rendre raiſon aux Supplians, ils ne ſe ſoucient pas de les donner auec regularité, & ſouvent meſme les parties ſe plaignent de n'auoir point receu d'exploit: ce qui eſt reparé par les deffauts portant reaſſignation, qui ſont ordinairement ſignifiez par les Huiſſiers de la Iuriſdiction Conſulaire: A quoy les Supplians peuvent adjouſter qu'il ſe fait plus de frais pour rabattre vne Sentence ou congé, qu'il n'en couſteroit pour vn deffaut, qui ne revient qu'à deux ſols. A CES CAVSES, & que leſdits Iuge & Conſuls, qui rendent ſous l'authorité de ſa Majeſté vne Iuſtice également exacte, gratuite & des-intereſſée, n'ont d'autre motif dans leur recours vers ſadite Majeſté, que ſuiuant ſes intentions, de rendre l'expedition des affaires plus facile & plus ſeure, pour faire ceſſer les inconueniens qu'ils ont allegué, & les plaintes qu'on leur fait; Requeroient leſdits Supplians, qu'il pleuſt à ſa Majeſté leur preſcrire ce que ſa prudence ordonnera ſur l'ancien vſage des deffauts, portant reaſſignation, qui n'ayant eſté introduit & conſervé depuis la Creation de la Iuriſdiction Conſulaire, qu'à cauſe de ſon vtilité, ſemble devoir ſubſiſter par la meſme raiſon. Oüy le Rapport du Sieur Puſſort Conſeiller ordinaire de ſa Majeſté en ſes Conſeils, Commiſſaire à ce deputé, & tout conſideré : LE ROY ESTANT EN SON CONSEIL, Ayant égard à ladite Requeſte, a ordonné & ordonne, que les Iuge & Conſuls des Marchands de la Ville de Paris, ordonneront que ceux qui n'auront point comparu à la premiere aſſignation, seront reaſſignez en la meſme forme & maniere qui a eſté pratiquée auparauant ſon Ordonnance du mois d'Avril 1667. & ſans tirer à conſequence à l'égard des autres Iuriſdictions, eſquelles ſa Majeſté veut l'Article deuxiéme du Titre des congez & deffauts, eſtre ponctuellement obſerué. FAIT au Conſeil d'Eſtat du Roy, Sa Majeſté y eſtant, tenu à Paris le vingt-quatriéme jour de Decembre mil ſix cens ſoixante-huit. Signé, LE TELLIER, auec paraphe.

Le preſent Arreſt a eſté de l'Ordonnance de Meſsieurs les Iuge Conſuls, leu, publié, leur Audiance tenant, & enregiſtré au Livre des Chartres de leur Iuriſdiction, par moy Commis à l'exercice de leur Greffe, ſous-ſigné, pour eſtre executé ſelon leur forme & teneur. Ce jour-

d'huy Mercrdy neufiéme Ianvier 1669. neuf heures du matin. Signé, VERRIER, auec Paraphe.

Sentence contradictoire, renduë au Presidial du Chastelet de Paris, du vingt-sixiéme Ianuier mil six cens soixante-neuf.

Entre la Communauté des Sergens à verge audit Chastelet de Paris.

Contre Anthoine Garçon, Huißier ordinaire en la Preuosté de Chasteau-Thierry.

Par laquelle a esté ordonné sur les Conclusions & Requisitoire des Gens du Roy, y faisant droit, que les Arrests & Reglemens seront executez selon leur forme & teneur, & fait deffenses à tous Huissiers & Sergens, autres que lesdits Sergens du Chastelet, de mettre à execution le Seellé du Chastelet, & Ordonnances des Commissaires; & pour l'auoir fait par ledit Garçon, a esté condamné en la somme de cent liures; à quoy l'amende portée par les Reglemens à esté moderée, applicables aux deux Communautez des Sergens à verge & à cheval, chacun pour moitié, & à rendre les émolumens par luy perceus des Exploits par luy faits en contrauention, & jusques à ce qu'il ait satisfait à ce

Sentence renduë au Chastelet, le 26 Ianuier 1669, portant Reglement contre tous Huissiers Sergens Royaux; Et pour la contravention cômise par le nommé Garçon, les amendes portées par les Reglemens.

moderez à somme de cent liures, & aux dépens.

que dessus, tiendra prison, & condamné aux dépens.

SEntence renduë en la Chambre de la Police, au Chastelet de Paris, le premier Fevrier 1669.

Contre Simon Mozac, l'vn des quatre Huissiers Sergens Fieffez audit Chastelet.

Reglement de Police contre les Sergens fieffez, du premier Février 1669.

Par laquelle iceluy Mozac a esté condamné de vacquer à la Police, tout ainsi que les Sergens audit Chastelet, d'accompagner Messieurs les Magistrats & les Commissaires, à la Police, tant ordinaire, qu'extraordinaire, ainsi que le contient plus au long ladite Sentence.

DEux Sentences renduës en la Chambre Ciuile au Chastelet de Paris, les sept & neuf Mars 1669.

Au profit de la Communauté des Sergens à verge au Chastelet de Paris, demandeurs.

Contre Maistre Pierre Bouuerot, Procureur

de Pierre Courtaillier, Gantier Parfumeur à Paris, & de Paris, demandeur en reuendication.

Par lesquelles a esté ordonné que les Reglemens seroient executez, & que l'armoire saisie par Claude Regnard, l'vn des Maistres de ladite Communauté, exposée en vente sans authorité de Iustice, ny d'vn Sergent à verge, seroit confisquée au profit de ladite Communauté, ledit Courtaillier condamné en dix liures d'amende, & aux dépens, ainsi qu'il est plus au long porté par lesdites Sentences, Signées, SAGOT.

Reglement des 7 & 9 Mars 1669, portant cōfiscation des meubles exposez en vente, sans estre assisté des Sergens à verge, à l'amende & aux dépens au profit de la Communauté.

ORdonnance renduë en la Chambre Criminelle au Chastelet de Paris, le dix-septiéme Avril 1669.

Ordõnance du 17 Avril, pour la Police de la Chambre Criminelle.

Portant que les Sergens à verge, ausquels on aura porté des Billets de la part des Maistres de la Communauté desdits Sergens, tant pour rendre le seruice en ladite Chambre, que pour accompagner Monsieur le Lieutenant Criminel aux Iustices; Ceux desdits Sergens qui seront Refractaires ausdits Mandemens, sont condamnez en vingt liures d'amende pour chacune contrauention, payable ſans déport & par corps, dont leurs Charges ſeront garentes: Et que ladite Ordonnance puiſſe eſtre reputée peine comminatoire, & qu'elle ſera executée nonobſtant oppoſitions ou appellations quelconques, Signée DEFFITA.

ORdonnance renduë en la Chambre de Police au Chaſtelet de Paris, le quatorziéme May 1669.

Reglement pour la Police du 14. May 1669.

Par laquelle eſt ordonné que dés à preſent, & à l'auenir, les Sergens à verge, à qui on aura porté des billets ſignez des Maiſtres de Communauté, ſeront tenus de ſe trouuer és lieux & heures qui leur ſeront deſignez par leſdits billets, tant en l'Hoſtel de Monſieur le Lieutenant de Police, que prés des Commiſſaires par chacune ſemaine, ſuiuant les Reglemens & Departemens qui ont eſté & ſeront faits pour le faict des Polices, tant ordinaires, qu'extraordinaires, à peine de vingt liures d'amende pour chacune contrauention, payable ſans déport & par corps; ſçauoir, moitié à la Communauté, & l'autre moitié aux Sergens qui auront vaqué à la Police, dont leurs Charges demeureront garantes, & qu'à l'auenir les contreuenans ſeront contraints au payement de ladite ſomme de vingt liures en vertu d'icelle Ordonnance, ſans qu'elle puiſſe

puisse estre reputée comminatoire, & qui sera executée nonobstant opposition ou appellation quelconque. Signé,

DE LA REYNIE. DE RIANTS.

Et plus bas, SAGOT.

Sentence renduë en la Chambre de Police au Chastelet de Paris, Contre les Sergens à cheual audit Chastelet.

A Tous ceux qui ces presentes Lettres verront, Pierre Seguier, Cheualier, Marquis de Saint Brisson, Seigneur des Ruaux & de Saint Firmain, des grands & petit Raincis, l'Estang-la-Ville & autres lieux, Conseiller du Roy, Gentilhomme ordinaire de sa Chambre, & Garde de la Preuosté & Vicomté de Paris, Salut. Sçauoir faisons, Que sur la Requeste faite en ce Iugement deuant Nous en la Chambre de la Police du Chastelet de Paris, par Maistre Loüis Cointreau, Procureur des Maistres & Gouuerneurs de la Communauté des Huissiers Sergens à verge audit Chastelet, demandeurs aux fins de leur Exploict du quinziéme Mars dernier, assistez de Maistre Denys Maurice leur Aduocat, contre Maistre Iean Camus Procureur de Martin Abraham Sergent à cheual audit Chastelet, deffendeur : Parties oüyes, lecture

Sentence de la Police, portant Reglement entre les Sergens à verge & à cheual au Chastelet de Paris, du 16. May 1669.

faite des Edits, Declarations, Arrests & Reglemens rendus entre lesdites Communautez, Et apres que Maurice a dit, que par les Edits & Declarations les fonctions des Sergens à verge ont esté reglées, & les Sergens à cheual, pour demeurer à la Campagne, garnir les Bailliages, & les Presidiaux, exploiter seuls le Seel du Chastelet par tout le Royaume à l'exclusion de tous autres, pour le soulagement des peuples; Les Sergens à verge, pour demeurer à Paris, exploiter seuls le Seellé dudit Chastelet en la Ville, Preuosté & Vicomté, à l'exclusion de tous autres, garder les Barrieres, & accompagner les Magistrats aux Iustices, Polices ordinaires & extraordinaires; A assister les Commissaires au faict de ladite Police; Toutes lesquelles fonctions ainsi reglées entre les deux Communautez, ont esté confirmées par plusieurs Edicts & Declarations de nos Roys, & particulierement de Philippes V. en l'année 1321. de Charles V. 1369. de Loüis XII. 1514. de François Premier 1517. & par les Declarations de Henry III. Henry IV. & de sa Majesté; Que neanmoins quelques Sergens à cheual depuis quelque temps, s'ingerent d'aller en Police, & en visite, auec les Gardes des Marchands, & Iurez de Mestiers particuliers, ledit Abraham d'aller en visite, & faire plusieurs actes de Police, auec des Marchands Bouchers de cette Ville de Paris, sous pretexte que par vn Edict de François Premier, du mois d'Avril 1544. il a esté permis à soixante Sergens à cheual, du nombre des vnze vingts, de refider en cette ville de Paris, & d'y faire toutes fortes d'Exploits & Actes de Iuftice, en confideration de la finance par eux donnée aux Coffres du Roy : Lequel Edict n'a point efté executé par lefdits Sergens à cheual, en ce qu'ils font au nombre de deux cens cinquante en cette ville de Paris, refidans actuellement, au lieu que leur nombre deuoit eftre limité à foixante, ce qu'ils n'ont iamais voulu fouffrir; & par ce moyen entreprennent fur les Charges des demandeurs, qui pour toutes recompenfes des feruices qu'ils rendent journellement en l'exercice de la Police où ils font obligez d'affifter gratuitement, n'ont que le peu de profit qu'ils reçoiuent dans des vifites qui fe font auec les Gardes & Iurez des Meftiers de cette Ville de Paris, qui font tous actes de Police, dependantes de leurs Charges, dans lefquelles ils ne peuuent eftre troublez par les Sergens à cheual, qui ne peuuent faire ces Actes de Police; Nous fupplians de confiderer que du nombre de deux cens foixante-dix Sergens à verge, il y en a quatre-vingts-fix employez tous les iours, foit pour la Police, foit pour les feruices deubs aux Magiftrats, affifter les Commiffaires, & font obligez pendant le temps de la contagion de veiller les nuits, de garder les lieux deftinez pour la fanté, & de faire toutes les chofes qui concernent la Police, à laquelle les Sergens à cheual ne font point appellez, mais au contraire font difpenfez de cette fatigue; tellement qu'il eft bien jufte que ceux qui ont toute la peine de la Police, profitent du peu de fruits qui s'y rencontrent, qui consiste à assister les Gardes des Six Corps & Iurez des Mestiers, dans les Visites ou Saisies qui se font sur les particuliers; n'estant pas considerable, ce qui a esté dit par ledit Abraham, qu'il est en possession d'aller en visite depuis dix ou douze ans auec les Bouchers, parce que suiuant la dispensation de la Loy competite au Code des prescrits, *trigenta annorum contra publicas functiones non curret prescriptio*. C'est pourquoy ledit Maurice Requeroit que ses parties fussent maintenuës au droict de possession d'aller seuls en visite auec les Gardes des Marchands, ou Iurez de cette Ville de Paris; deffenses de les y troubler; & pour la contravention faite par ledit Abraham, qu'il seroit condamné en telle amende qu'il Nous plairoit ordonner; Comme aussi à rapporter tous émolumens par luy cy-deuant perceus, auec dépens. Oüy aussi ledit Camus audit nom, qui a dit, qu'il ne s'agit point d'vn faict de Police, mais d'vn Reglement; pour raison de quoy il auroit requis son renvoy au Presidial, mais auec d'autant plus de Iustice, qu'il n'a jamais esté en Police auec les Bouchers, n'estant par eux employé qu'à mettre des affiches en la place les jours des Marchez, ainsi qu'il a toûjours fait il y a plus de quinze ans, n'ayant point encore oüy dire qu'vn Sergent à cheual soit priué d'executer le Seel du Chastelet de Paris comme ils font quand ils saisissent en vertu d'vne Commission de Iurande, emanée de Monsieur le

Preuoſt de Paris, & de faire par Sentence renduë par Nous entre les Iurez Serruriers, & quelques Maiſtres dudit Meſtier, en datte du
il leur a eſté permis de ſe ſeruir de tels Officiers Sergens que bon leur ſembleroit; & ſi les Sergens à verge pretendent faire reduire le nombre des Sergens à cheual, qui ſont demeurans à Paris, il faut ſe pourvoir au Parlement pour faire juger leurs procez indecis entre les Communautez, ou faire appeller les Maiſtres de ladite Communauté; & quand il y auroit lieu à la reduction, ledit Abraham eſtant des anciens, il ne ſeroit pas obligé de ſortir de Paris: C'eſt pourquoy ledit Camus a requis abſolution. Oüy Maiſtre Pierre Brigalier ancien Aduocat du Roy, en ſes concluſions. Novs, pour faire droit aux parties au principal, auons icelles appointées à mettre leurs titres, pieces & exploits, & tout ce que bon ſemblera en nos mains, auec briéues Remontrances & Inventaire de production dans trois iours *alias*, le negligent forclos & debouté, & le procez iugé ſur ce qui ſe trouuera produit à la Cour, ſans autte forcluſion ny ſignification; & cependant, par prouiſion, ordonnons aux Iurez de la Communauté des Maiſtres Bouchers de ſe faire aſſiſter en faiſant leurs viſites d'vn Sergent à verge du Chaſtelet, & deffenſes audit Abraham & tous autres Sergens à cheual de s'immiſſer d'aller en viſite auec les Maiſtres & Gardes ou Iurez des Corps des Marchands & Communautez des Meſtiers de cette Ville de Paris,

& faire aucunes saisies en vertu de leur Commission pour le faict de Police, & ausdits Maistres, Gardes & Iurez de les y employer, à peine de nullité des saisies qui seront faites par lesdits Sergens à cheual, & d'amende arbitraire contre les contreuenans : Et sera la presente Sentence executée, nonobstant oppositions ou appellations quelconques, & sans prejudice d'icelle, pour lesquels ne sera differé. En temoin de ce Nous auons fait seeller ces presentes. Ce fut fait & donné par Messire NICOLAS GABRIEL DE LA REYNIE, Conseiller du Roy en ses Conseils, Maistre des Requestes ordinaire de son Hostel, Lieutenant de Police de la Preuosté & Vicomté de Paris, tenant le Siege, le Vendredy seiziéme May mil six cens soixante-neuf. Signé,

Signifié & baillé copie de la Sentence de l'autre part, par moy François Paschal Toidon Sergent à verge au Chastelet, Sergent de bande de Communauté, audit Abraham y nommé, en parlant à sa personne, & audit Camus Procureur de partie aduerse, en parlant à son Clerc, en leurs domiciles, à ce qu'ils n'en ignorent. Le vingt-cinquième May mil six cens soixante-neuf. signé, TRIDON.

Nota, Qu'il a esté obmis de faire mention en son lieu suiuant la suite des dattes des pieces contenuës en ce Recüeil, de quelques Declarations, concernant le pouuoir des Huißiers Sergens. Folio 27.

PAr Declaration de Charles IX. donnée au mois de Mars 1568. Par laquelle il permet en termes exprés à tous Huissiers & Sergens, de mettre à execution toutes Lettres Patentes scellées du Grand Sceau, & autres qui seront expediées en Chancellerie; ensemble tous Arrests & Commissions des Parlemens qui seront scellez. Declarations en faueur des Huissiers Sergens. 1568.

Autre Declaration de l'année 1576 du mesme Roy, declare qu'il vouloit, Que tous Huissiers & Sergens peussent executer tous Mandemens, Commissions, Arrests, Sentences & Iugemens; l'vne & l'autre desdites Declarations ont esté verifiées au Parlement de Paris. 1576.

Comme aussi de Henry III. en l'année 1586. & plusieurs autres.

Nota. Cét article a esté obmis d'inserer en suite des Reglemens concernans les Sieurs Payeurs des Rentes. Folio 108.

Reglement en faueur des Payeurs des Rentes de l'Hostel de Ville, du 4. Octobre 1659.

ARrest du Parlement, du quatre Octobre 1659. qui, suiuant l'Ordonnance du dix-huit Octobre 1656, fait deffenses aux particuliers qui feront saisir des arrerages de rentes de leurs debiteurs és mains des Payeurs des Rentes de la Ville, d'assigner lesdits Payeurs, pour affirmer, ou voir declarer lesdites saisies valables, sauf ausdits creanciers d'aller au Bureau desdits Payeurs des Rentes, pour verifier sur les Registres de la Ville, ou pour faire compulser iceux, si bon leur semble; Comme aussi fait inhibitions & deffenses à tous Huissiers & Sergens de faire lesdites assignations, & à tous Procureurs d'occuper sur icelles, & obtenir aucun Deffaut, Iugement, ou Arrests, à peine de mil livres d'amende; Ordonne, que le present Arrest & ladite Ordonnance seront notifiez aux Procureurs de Communauté, Syndics des Huissiers & Sergens, afin que nul n'en pretende cause d'ignorance.

www.ingramcontent.com/pod-product-compliance
Ingram Content Group UK Ltd.
Pitfield, Milton Keynes, MK11 3LW, UK
UKHW020551180726
13838UKWH00001B/180

9 782329 356082